体験格差

今井悠介

講談社現代新書
2741

はじめに

昨年の夏、あるシングルマザーの方から、こんな話を聞いた。

息子が突然正座になって、泣きながら「サッカーがしたいです」と言ったんです。

それは、まだ小学生の一人息子が、幼いなりに自分の家庭の状況を理解し、ようやく口にできた願いだった。たった一人で悩んだ末、正座をして、涙を流しながら。私が本書で考えたい**「体験格差」**というテーマが、この場面に凝縮しているように思える。

私たちが暮らす日本社会には、様々なスポーツや文化的な活動、休日の旅行や楽しいアクティビティなど、子どもの成長に大きな影響を与え得る多種多様な「体験」を、**「したいと思えば自由にできる**（させてもらえる）**子どもたち」**と、**「したいと思ってもできない**（させてもらえない）**子どもたち」**がいる。そこには明らかに大きな「格差」がある。

その格差は、直接的には「生まれ」に、特に親の経済的な状況に関係している。年齢を重ねるにつれ、大人に近づくにつれ、低所得家庭の子どもたちは、してみたいと思ったこと、やってみたいと思ったことを、そのまままっすぐには言えなくなっていく。

私たちは、数多くの子どもたちが直面してきたこうした「体験」の格差について、どれほど真剣に考えてきただろうか。「サッカーがしたいです」と声をしぼり出す子どもたちの姿を、どれくらい想像し、理解し、対策を考え、実行してきただろうか。

子どもの必需品とは何か

社会政策学者の阿部彩《あべあや》氏は、２００８年の著書『子どもの貧困』の中で、日本の一般市民においては、イギリスやオーストラリアといったほかの社会に比べて、「子どもが最低限にこれだけは享受するべきであるという生活の期待値が低い」と述べている。

阿部氏が紹介するイギリスの調査では、「趣味やレジャー活動」（90％）、「水泳（1ヵ月に1回）」（78％）、「1週間以上の旅行（1年に1回）」（71％）など、子どもたちの様々な「体験」に関わる項目について、大多数の大人が、子どもたちにとって必要なものであると回答している。

その一方、阿部氏自身が２０１５年に日本の大人を対象に行った調査では、「1年に1回の家族旅行（最低1泊）」（30・5％）や「スポーツ・チーム（野球、サッカー等）や音楽活動への参加」（22・0％）などの項目について、必要であり、すべての子どもが持つことができるべきであるとする回答が、相対的にかなり低い割合にとどまっていた。

ここからわかるのは、**子どもにとって何が「必需品」であるのか？** という問い、つまり、「たまたま恵まれた家庭に生まれた一部の子ども」だけではなく、**「その社会に生まれたすべての子ども」が享受できて然るべきものは何か？** という問いに対する答えや考え方が、それぞれの社会によってかなり違うということだ。ある社会にとっての当たり前が、別の社会にとっても同じであるわけではない。

私たち、日本社会で生きる大人たちの多くは、子どもたちにとっての「体験」の機会を、いまだ「必需品」だとは見なしていないのだろう。阿部氏の調査では、泊まりの旅行、スポーツ、音楽活動への参加などについて、「あったほうがよいが、持てなくても、いたしかたがない」、「必要ではない」という回答が大多数を占めている。

もちろん日本でも、自分自身の子どもに対して様々な「体験」を与えたいと願い、実際にその機会を与える親は数多く存在する。だが、それがあくまで個々の家庭ごとの話にとどまっている限り、裕福な家庭に生まれた子どもたちはともかく、低所得家庭の子どもたち、あるいはその他のハンディキャップを抱えている家庭の子どもたちは、誰からのサポートも得られずに置き去りにされるだろう。そして、実際に置き去りにされてきたのだ。

重要な分岐点は、この社会で生きる大人たちが、「私の子ども」だけではなく、「すべての子ども」に対して、「体験」の機会を届けようとするかどうかにある。「体験格差」をなくそうという意思を、社会全体として持つかどうかにある。

そもそも、日本社会が「子どもの貧困」という課題に向き合い始めたこと自体、それほど昔の話ではない。「子どもの貧困対策法」が施行されたのは、ようやく２０１４年になってからのことだ。そこから今年でちょうど10年が経つが、社会の課題認識という意味でも、必要な対策が十分に立てられているかという意味でも、まだまだ道なかばだろう。

その中でも、「体験格差」への関心や取り組みは、特に不十分だと言える。

見過ごされてきた「体験格差」

東日本大震災を契機に、私は当時勤めていた会社を辞め、学生時代の仲間とともに、被災した子どもたちの支援に取り組み始めた。宮城県の仙台で事務所を立ち上げ、子どもたちが直面する現実と向き合い始めた。２０１１年６月のことだ。

「チャンス・フォー・チルドレン」という私たちの団体名には、「たまたま生まれ育った環境によって、子どもたちが得られる人生の機会に格差があってはいけない」という思いが込められている。

私たちは、主に寄付金を原資とする「スタディクーポン」という仕組みをつくり、これまで日本中の様々な地域で、低所得家庭の子どもたちに対する学校外教育費用の支援をしてきた。過去に支給したクーポンの総額は13億円を超え、さらに一部の自治体には私たちの取り組みが波及して、公的な資金を用いた同様の支援もなされ始めている。

たまたま被災したから、たまたま低所得の家庭に生まれたから。そうでない子どもと違って、十分に勉強する機会が得られない、通いたい学習塾に通えない、あるいは進学したい学校を目指せない。そういう子どもたちとたくさん出会ってきた。

私たちの10年を超える活動を通じて、そのうちの幾分かの子どもたちには、「スタディクーポン」を届けることができたかもしれない。また、子どもたちの「学習」には大きな機会格差があり、それを社会的に埋める必要があるという認識も、少しずつ広がりを持ってきたように思える。

だが、だからこそ、同じ「子どもの貧困」という問題の中でも、「体験」の格差や貧困が(例えば「食事」や「学習」の格差や貧困に比べて)後回しになっている状況について、そして自分たち自身もその問題に気づいていながらなかなか真正面から取り組めずにいることについて、何かしなければとずっと感じていた。

子どもたちにとって、「食事」や「学習」はもちろん重要だ。同時に、それら以外の場面で生じている格差についても、見過ごすことはできない。私たちは子どもたちの「体験格差」をも直視し、その解消に向けた取り組みを始める必要がある。

子どもたちにとっての「体験」という主題と真剣に向き合おうと決めたとき、すぐに気がついたことが一つある。それは、日本では「体験格差」についての十分な現状把握自体がまだなされていないということだ。現状がわからなければ、対策を立てようもない。

ならば、まずは現状を知ることから始める必要がある。調査をするべきだ。そこで、私たちチャンス・フォー・チルドレンは、子どもの貧困や教育格差に取り組んできた非営利団体としての立場から、日本で初となる**「子どもの体験格差に特化した全国調査」**を実施することに決めた（2000人以上の保護者がアンケート調査に回答、2022年10月）。

本書の構成

本書では、この調査から見えてきた日本社会の姿を描くことを第一の目的としている。極めて重要なことに、**年収300万円未満のいわゆる「低所得家庭」**では、子どもたちの「体験」が平均的に少ないというだけでなく、**「体験」の機会が過去1年間で一つもない「ゼロ」の状態にある子どもたちが、全体の3人に1人近くにまでのぼることがわかった**

【第一部　体験格差の実態】。

　こうした定量的な調査に加えて、私は日本の様々な地域で暮らす低所得家庭の保護者たち（主にシングルマザーの女性たち）とお会いし、体験格差の現状について直接お話を聞いた。彼女たちの中には、自分の食事を削ってまで子どもの習い事にお金をかけているという方もいれば、それすら叶わず今は子どもの願いをあきらめさせざるを得ないと語る方もいた。それぞれの家庭に固有の状況がありつつ、「体験の壁」となる様々な共通点も、そこからは見えてきた【第二部　それぞれの体験格差】。

　最後に、この日本社会が「体験」の機会をすべての子どもたちに届けられる社会へと変わっていくために、私たちがこれからなすべき様々な打ち手についても検討を進めた。私が特に鍵になると考えているのは、各地域に存在する（しうる）体験の「担い手」たち、そしてかれらの活動を社会的に支えるための仕組みだ【第三部　体験格差に抗う】。

　一口に「体験」と言っても、その潜在的な範囲はとても広く、明確な境界線を定めきることはできない。だが、そうであるからこそ、「体験格差」についての調査や考察を進めるうえでは、試行的にでも何らかの範囲を設定することが必要になってくる。

　そこで、本書やその元になった全国調査では、主に子どもたちが放課後に通う習い事やクラブ活動、週末・長期休みに参加するキャンプや旅行、お祭りなど地域での様々な行事、スポーツ観戦や芸術鑑賞、博物館や動物園といった社会教育施設でのアクティビティなどを「体験」として定めた。学校内での様々な活動から、友達や家族との日常の遊び、お手伝いなどの生活体験まで、そこに入りきらない様々な「体験」があることも、念のため記しておきたい。

本書が今の日本社会における「体験格差」の現実を認識し、その解消に向けた議論を深め、必要な変革を起こしていくための土台の一つとなることを願っている。

目次

第二部 それぞれの体験格差

第三部　体験格差に抗う ——— 159

凡例

1　データやグラフ、引用箇所の出典は文中に示した。出典に対応する参考文献一覧は、巻末に記す。ただし、「子どもの『体験格差』実態調査」（チャンス・フォー・チルドレン、２０２３年7月、以下「本調査」）については出典の記載を省略する。文中に引用した設問や選択肢の文言は、一部調査報告書の記載と異なる。文中のデータやグラフは、本調査報告書公開後に新たに分析したものが含まれる。

2　本調査は、２０２２年10月12日から10月14日の期間に実施し、インターネットモニターを利用したＷＥＢアンケートにより行った。調査対象者は全国の小学1年生から6年生の子どもがいる世帯の保護者とし、有効回答数は２０９７件である。

3　本調査のサンプルの内訳は、世帯年収３００万円未満の家庭が約半数を占めており、全サンプルの平均を出すと実態社会と乖離することから、厚生労働省「２０２１年国民生活基礎調査」における世帯数の相対度数分布（児童のいる世帯）をベースにウェイトバックを行っているところがある。該当箇所については、本調査報告書（https://cfc.or.jp/wp-content/uploads/2023/07/cfc_taiken_report2307.pdf）を参照のこと。

4　本調査における「体験」の範囲は、学校外で行うものに絞り、学校で行う体育や音楽、図工などの授業、修学旅行や文化祭などはここに含まない。また、日常の中で行われる友人、きょうだい間の遊びやお手伝いなどの生活体験も本調査においては対象外とした。

5　本調査における「直近1年間」は、２０２１年11月～２０２２年10月までの1年間を指している。同期間は新型コロナウイルス感染症が5類感染症に移行する前の段階であり、社会全体が外出の自粛要請等、コロナ禍の影響を受けていた時期と重なるため、家庭の経済状況等にかかわらず、全体として子どもの体験機会が少ない結果となっている可能性がある。

6　厚生労働省「2021年国民生活基礎調査」によると、児童がいる世帯全体における平均年収（雇用者所得）は695万円であり、今回の調査で世帯年収区分を最上位に設定した「世帯年収600万円以上」のグループには平均年収以下の家庭が一定数含まれる。そのため、世帯人数によっては、同グループの中にも相対的貧困に当たる家庭が含まれる可能性がある。

7　グラフ5（P．35）およびグラフ6（P．37）は、それぞれ「放課後の体験（定期的なスポーツ・運動、文化芸術活動）」と「休日の体験（単発の自然体験、社会体験、文化的体験）」に参加した子どもがいる回答者に対し、直近1年間で参加した活動に、それぞれ年間どれくらいの費用がかかったかを尋ねた結果をまとめたものである。年間に複数の活動に参加している場合、その合計の金額について回答を得ている。「民間事業者」および「プライベート（家族や友人同士）」による活動以外および「社会体験」はサンプル数が限られていることから、平均金額については大体の傾向をつかむための参考数値とされたい。

8　第二部「それぞれの体験格差」の人物名はすべて仮名とした。また、個人の特定を避けるため、一部内容を改変した。

9　グラフ23（P．175）は、文部科学省「社会教育調査」の結果を用いている。平成20年度より、独立行政法人および地方公共団体が所管している青少年教育施設が調査対象に追加されている。

10　「教養・技能教授業」の事業所数（P．181）に関して、2001年は「事業所・企業統計調査」を、2022年は「経済センサス」を使用して減少率を算出している。二つの調査で調査対象および手法が異なる点には留意されたい。

第一部　体験格差の実態

第一部では、全国２０００人以上の小学生の子どもをもつ保護者を対象に実施した調査の結果をもとにしながら、日本における子どもの「体験格差」の実態を描く。以下のような問いを立てながら、現状を見ていこう。

●親の経済状況と子どもの体験にはどのような関係があるか**【「お金」と体験格差】**
●スポーツや文化芸術など、主に放課後に行われる習い事やクラブ活動ではどのような格差が生じているか**【「放課後」の体験格差】**
●自然体験や旅行など、主に週末や長期休みに行われるレジャーや活動ではどのような格差が生じているか**【「休日」の体験格差】**
●都市部と地方とでは、子どもの体験の状況にどんな違いがあるか**【「地域」と体験格差】**
●親の子ども時代の体験のあり方と、その子どもの体験のあり方には、どんな関係があるか**【「親」の体験格差】**

「体験」がなぜ重要なのか

そもそもの前提として、なぜ「体験」が子どもたちにとって重要なのだろうか。言い換えれば、「体験」にはどんな価値があるのだろうか。

まず、「体験」は往々にして楽しいものだ。海は楽しい。動物園は楽しい。サッカーは楽しい。絵を描くのは楽しい。旅行に行くのも楽しい。

もちろん、プールで泳ぐのが楽しくない子どもはいるし、ピアノの練習が楽しくない子どももいる。すべての「体験」が、すべての子どもにとって楽しく感じられるわけではない。だが、それぞれの子どもにとって楽しいと感じられる「体験」が、一つはきっと存在するだろう。

さらに、「体験」の価値はその時々の楽しさだけではない。例えば、「体験」は子どもの社会情動的スキル（非認知能力）にも関係するとされている。つまり、子どもたちへの短期的な影響（楽しさ）だけでなく、かれらの将来に対する長期的な影響もある。

だからこそ、その格差を放置しておけないわけだ。たまたま裕福な家庭に生まれた子どもたちばかりが様々な「体験」の機会を得られ、それによって大人になってからの収入などの格差が再生産されているとすれば、とてもフェアな社会とは言えないだろう。

沖縄県で長く子ども・若者の貧困問題に取り組み、不登校状態の子どもたちを支援している金城《きんじょう》隆一《たかかず》さん（ＮＰＯ法人ちゅらゆい代表理事）は、様々な困難を抱える子どもたちを連れて北海道へ旅行に行ったときのことを次のように語る。

子どもたちにとって初めての旅行でした。でも、子どもたちは北海道の現地に着いても、沖縄の地元にあるようなアニメショップやゲームセンターなど、普段の生活とまったく同じことをやりたがる。食べ物も全国チェーンの寿司屋に行きたいと言う。これまで色んなことを体験したことがないから、「北海道に来たらこれをやってみたい」とか、そういう選択肢がそもそも頭に思い浮かばない。貧困とは「選択肢がない」ということです。私は、子どもの貧困問題の中心にあるのが、体験格差だと思っています。

何かを一度もやったことがなければ、それが好きか嫌いかもわからない。何かを一度も食べたことがなければ、それが好きか嫌いかもわからない。どこかに一度も行ったことがなければ、その場所が好きか嫌いかもわからない。

子どもたちにとっての想像力の幅、人間にとっての選択肢の幅は、大なり小なり過去の「体験」の影響を受けている。貧困状態にある子どもたちは、「過去にやってみたことがあること」の幅が狭くなりがちだ。そして、そのために「将来にやってみたいと思うこと」の幅も狭まってしまいがちなのだ。

体験格差とは、今を生きる子どもたちにとっての楽しさや充実感の問題でもあり、将来の人生の広がりに関わるより長期的な問題でもある。そのどちらも極めて重要だ。そうであるにもかかわらず、子どもたちの「生まれ」によって「体験」の機会に格差があることは、この社会ではあたかも仕方がないことのように捉えられてきてしまったのではないか。

小4までは「学習」より「体験」

さて、私たち自身が実施した全国調査の結果に入っていく前に、既存の調査から見えてくる現状についても少し触れておこう。

子どもの「体験格差」それ自体をメインの主題とする全国調査は見当たらないが、調査の一部で子どもの「体験」に関わる内容を聞いた調査や、ある地域に特化して子どもの体験について調べた調査などは存在しており、そこから学べることもたくさんある。そして、その多くで、親の所得や学歴などの違いや格差が、子どもの体験の機会の多寡と関係していることを示している。

例えば、文部科学省による「子供の学習費調査」を見てみよう。この調査には、各家庭が学校外で負担する費用を、学習塾や家庭教師などの**「補助学習費」**と**「その他の学校外活動費」**に分類し、子どもの年齢・学年ごとに平均的な年間の支出額を調べた項目がある（グラフ1）。

そして、この調査でいうところの「その他の学校外活動費」は、スポーツや音楽などの

グラフ1　学年別にみた補助学習費とその他の学校外活動費（公立学校）

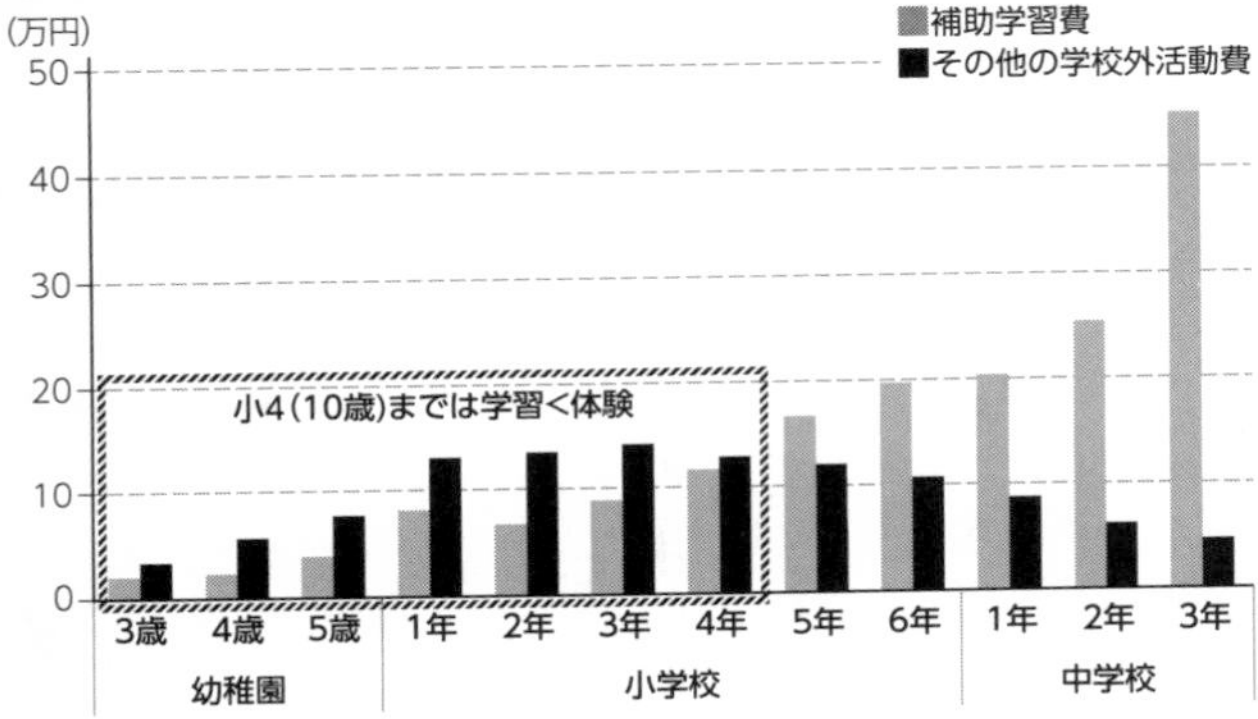

出典：文部科学省「令和3年度子供の学習費調査」

習い事にかかる費用、そしてキャンプやレジャーなどの費用であるとされているため、私たちが考える「体験」の範囲に近い。

グラフを見るとわかる通り、小学校5年生以降は補助学習費がその他の費用を上回り、高校受験を迎える中3時点にピークを迎えている。ここで多額の費用がかかることは明白なため、そのために何年も前からお金を貯め始めているという家庭も多いだろう。

こうした視点はもちろん重要なのだが、同じグラフを別の角度から見てみることもできる。小学校4年生、つまり10歳ごろまでは、補助学習費よりも「体験」に関わるその他の支出のほうが一貫して多くなっていることが読み取れるだろう。

金額が最も高い小3の時点では年間15万円

ほどになり、月額ベースで1万円を超えている。特に低所得家庭を念頭に置いた場合、決して小さな金額とは言えない。

さらに、「その他の学校外活動費」では、家庭の経済状況による支出額の差も明確に出ている。公立学校に通う小学生の場合、世帯年収400万円未満の家庭で年間7・9万円、世帯年収1200万円以上の家庭で年間20・1万円だ。2・5倍以上の格差が生じている。

「体験格差」という問題の輪郭を捉えていくにあたって、これらはとても重要な情報だ。学校外活動費の負担という目線に立つと、どうしても中3や高3の受験に関係する費用の大きさに目が行ってしまう。実際に支援に関わってきた立場から見ても、それは否定できない。

しかし、そうであるからこそ、子どもたちがより幼い時期から継続的に生じていると考えられる「体験」の格差が相対的に見えづらくなり、後回しにされてきてしまった側面もあるのではないか。

そこで、今回の調査では、特に小学生の子どもたちの状況にフォーカスした。

初の「体験格差」全国調査

私たちは、こうした既存の様々な調査にも学びながら、「体験格差」のより広範かつ立体的な実態把握を目的として、初めての全国調査を行った。その特徴は大きく5つある。

①「体験格差」の実態把握を目的とすること
②「小学生」の保護者を対象としたこと
③「全国」規模の調査としたこと
④「体験」の具体的な範囲を定めたこと
⑤「相対的貧困」の境界線を意識して設計したこと

4点目と5点目についてのみ、若干補足の説明をしておこう。

まずは「体験」の範囲について。私たちは、「球技」から「旅行・観光」まで、子どもたちの「体験」を33の項目に整理し、そのうえでそれらを大きく二つの種類に分類した。①「**放課後の体験**」（主に平日の放課後に定期的に行う習い事、クラブ）」と、②「**休日の体験**」（主に週末や長期休暇中に単発で行うキャンプや旅行、お出かけなど）」だ（表1）。

「放課後の体験」と「休日の体験」には、いずれも、「遊び」と「学び」の両方の要素が含まれるが、そのバランスには少し違いがありそうだ。

一方の「放課後の体験」には、例えば野球チームやサッカークラブ、ピアノ教室などが

表1 調査における「体験」の範囲

学校外の体験	放課後の体験（定期的に行う活動）	**スポーツ・運動** 球技／水泳／武道・格闘技／ダンス・バレエ・舞踏／体操／陸上競技／ボーイスカウト・ガールスカウト／その他
		文化・芸術 音楽／アート・造形・工作／演劇・ミュージカル／外国文化（語学・英会話を除く）／習字・書道／将棋・囲碁／茶道・華道／料理／科学・プログラミング／その他
	休日の体験（単発で行う活動）	**自然体験** キャンプ・登山・川遊び・釣り／海水浴・マリンスポーツ／ウィンタースポーツ（スキー・スノボー）／その他
		社会体験 農業体験／職業体験／ボランティア／その他
		文化的体験 動物園・水族館・博物館・美術館見学／音楽・演劇・古典芸能鑑賞又は体験／スポーツ観戦又は体験／留学・ホームステイ・外国文化体験／旅行・観光／地域の行事・お祭り・イベント／その他

入る。基本的には大人の講師や指導者のもとで定期的に行う活動で、「学び」の要素が強いものが多い。

もう一方の「休日の体験」には、野外体験など大人の指導者がいるものに加えて、家族との旅行まで幅広い内容が含まれる。どちらかと言えば、「遊び」の要素が強いものが多いと言えるだろう。

「体験」の範囲を明確に決めることはできないが、今回の調査では、日々の習い事から休日の余暇やレジャーまで、できるだけ幅広い対象を網羅できるように項目を設定した。

次に、今回の調査では、特に体験の「格差」の実態が明らかになるように設計を試みた。最も重要なことは、低所得家庭の区分をしっかりと設定し、その対象となる人々から十分な数の回答を得ることだ。

例えば、先に触れた文部科学省による「子供の学習費調査」では、最も低い世帯年収の区分が「400万円未満」となっている。これに対して、私たちの調査では「300万円未満」という区分を設けた（ほかの区分は「300万円以上600万円未満」と「600万円以上」）。厚生労働省の「2019年国民生活基礎調査」における「相対的貧困線」を念頭に置いたものだ。

「相対的貧困」のライン（可処分所得）は世帯人数によって異なり、2人世帯で179万円以下、3人世帯で219万円以下、4人世帯で254万円以下が、相対的貧困とされる。これらの可処分所得を世帯年収に換算すると、200万～300万円前後となり、世帯年収が「300万円未満」という今回の調査で設定した区分には、これらの人々がおおよそ含まれることになる。

なお、最新の調査によると、子どもの相対的貧困率（17歳以下、2022年）は11・5％で、約208万人の子どもたちがこれに該当する。

体験は贅沢品か

日本では、「相対的貧困」の状況にある家庭が1割強もある。逆に言えば、8割以上の人々は「相対的貧困」を生きておらず、その多くは一度もそういった状況を経験したことがない。

そのため、多くの人にとり、「相対的貧困」のリアルな状況を理解することは必ずしも容易ではないだろう。重要なことは、できるだけ具体的な金額感をイメージしてみることだ。例えば、母親と小学生の子ども二人のひとり親家庭の場合、手取りの収入（可処分所得）が18万円を割り込んでくると、相対的貧困の範疇に入ってくる。

この18万円の中から、家賃を払い、3人分の食費を払い、光熱費を払い、スマホなどの通信費を払い、場合によっては、子どもたちの将来のための貯蓄もしていく。

子どもが大きくなれば食費は上がり、猛暑になれば光熱費が上がる。物価の高騰は、文字通り家計を直撃する。数百円、数千円が大きな違いをもたらす。どんな出費にも、慎重にならざるを得ない。

この本を書くにあたり、「相対的貧困」の状態、あるいはそれに近い状態にある家庭の保護者たちからたびたびお話を聞いた。

あるシングルマザーの女性に月収を聞くと、手取りで15万円ほどだと教えてくださった。しかも、1年ごとの有期契約で雇用されており、来年以降も同様に仕事があるのか、まったく見通しがつかないという。

もし職を失ってしまったら、もし自分に何かあって収入が途絶えてしまったら、子どもたちの生活が立ちゆかなくなってしまう。そんな不安から、彼女は行政から支給されるひとり親家庭向けの手当には一切手を付けず、子どもたちが将来進学する際の費用として貯蓄に回しているそうだ。

別のシングルマザーの女性からは、こんなお話を聞かせていただいた。彼女には育ち盛りの子どもが二人いて、普段は外食をする余裕などまったくないが、子どもたちが好きなハンバーガー屋にだけは、時々3人で行くことがあるのだという。

そこでは、ハンバーガーとポテトとジュースのセットを一つだけ頼み、加えてハンバーガーを一つ単品で注文するそうだ。合計で1000円を超えないようにし、自分はハンバーガーにもポテトにも手をつけない。普段、自宅で夕食を食べる際も、まずは子どもたちに食べさせ、自分は子どもが食べ終わったあと、残ったものを口にしている。

こうした家庭に生まれた子どもたちにとって、様々な「体験」の機会は、得られなくても仕方のない「贅沢品」だろうか。そうであるべきではない、「必需品」であって然るべきだと私は思う。

だが現実は厳しい。私たちの調査結果をもとに、「体験格差」の実態を確かめていこう。

1．「お金」と体験格差

ここからいよいよ、「体験格差」の全国調査の結果とその分析に入っていく。まず確認しておきたいのが「お金」と体験格差の関係、つまり、親の収入の大小と子どもの「体験」のあり方との関係だ。

経済的に一定の余裕のある家庭に生まれた子どもと、様々な費用を切り詰めながら生活せざるを得ない家庭に生まれた子ども、そうした「生まれ」の違いに伴い、子どもたちにとっての「体験」の機会には、どのような格差が存在しているのだろうか。

「体験ゼロ」の子どもたち

最初に、全体の中で「体験ゼロ」の子どもたちがどれだけいるのか、その割合を見ていい

グラフ2 「体験ゼロ」の子どもの割合（世帯年収別）

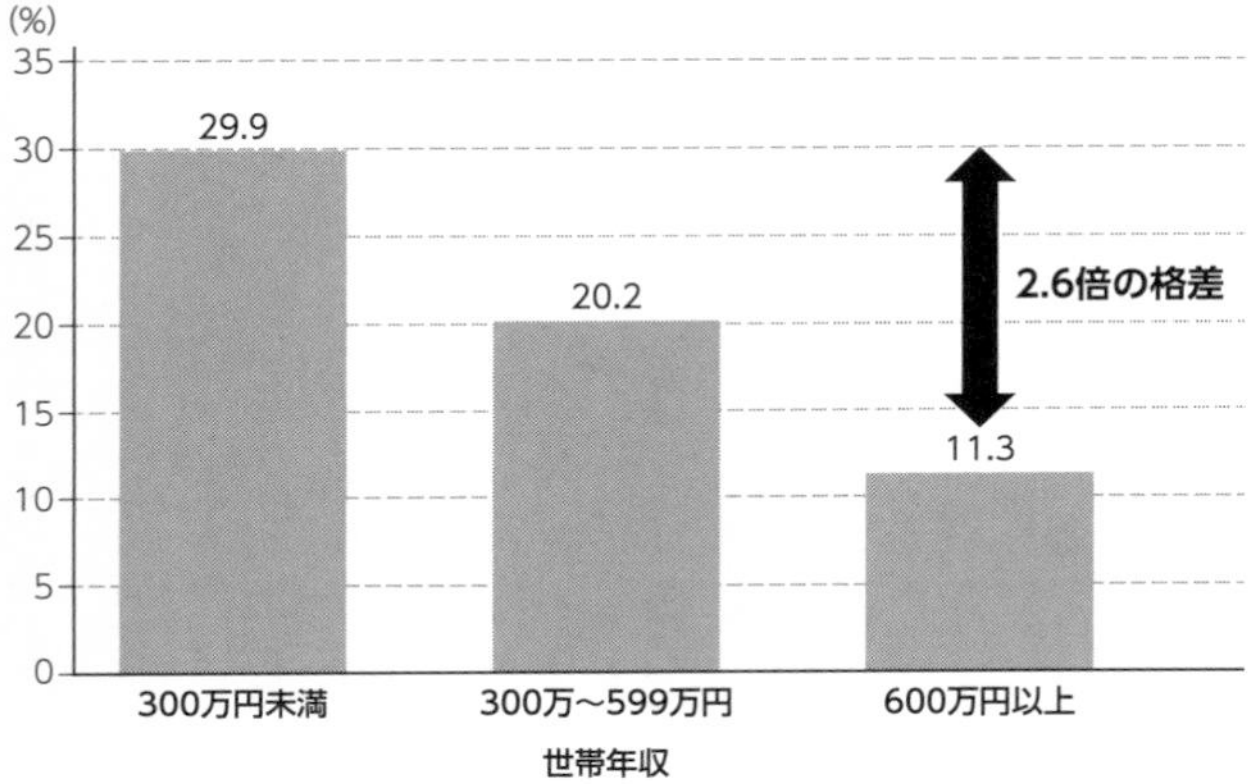

くところから始めよう。

ここでいう「体験ゼロ」とは、私たちが調査の項目に含めた様々な学校外の体験が、直近1年間で「一つもない」ことを意味する。要するに、スポーツ系や文化系の習い事への参加もなければ、家族の旅行や地域のお祭りなどへの参加も含めて「何もない」ということだ。お金を払わなければ参加できないものが多いが、無料で参加できるものも含まれる。

「放課後の体験」も「休日の体験」もゼロ。あるいは有料であろうが無料であろうがゼロ。こうした「体験ゼロ」の子どもたちは、調査の結果、全体のおよそ15％を占めることがわかった。逆に言えば、残りの85％、つまり大多数の子どもたちは、少なくとも何らか一つの「体験」に参加する機会を得ていたことになる。

グラフ3　体験への年間支出額(世帯年収別)

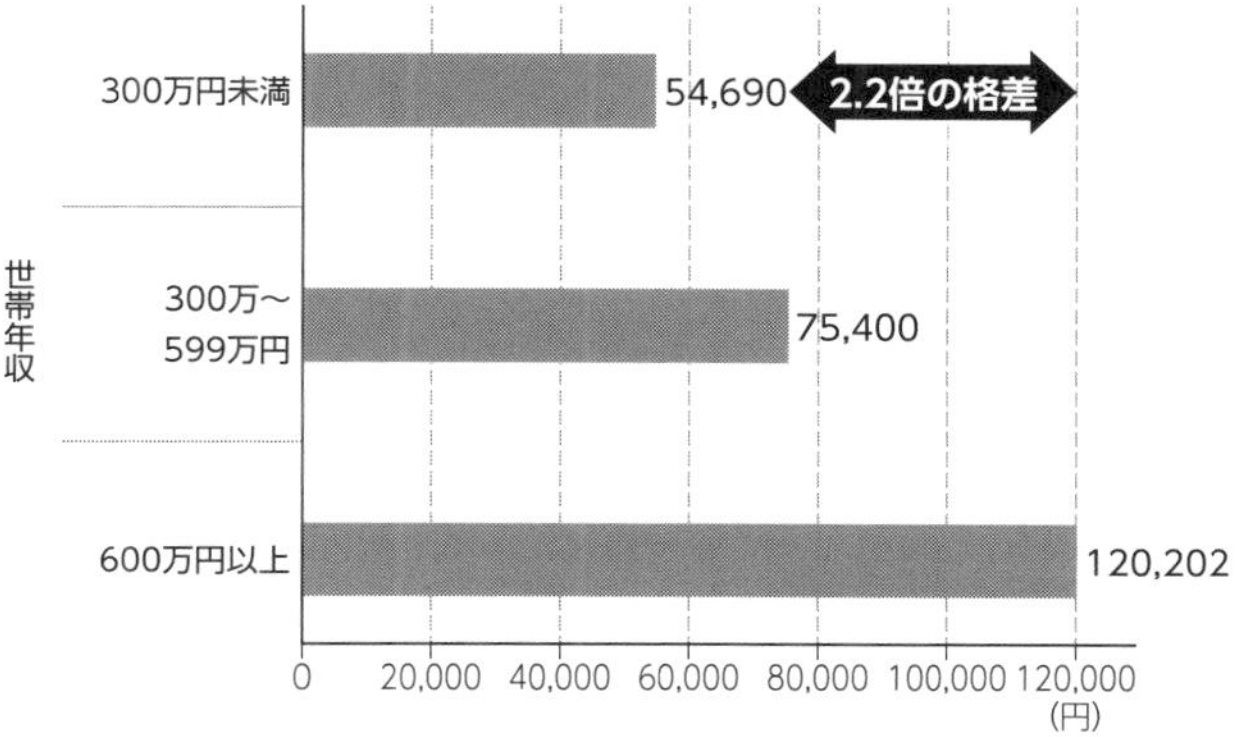

もちろん、「体験ゼロ」以外という形で括られる子どもたちの中には、動物園に一度行っただけという子どもから、週に何日も習い事に通い、旅行やキャンプにも何度も行っているという子どもまでが含まれている。その違いに目を向けることはもちろん重要だが、同時に、ゼロかゼロでないかの違いにも注目が必要だろう。

こうした「体験ゼロ」の子どもたちの割合を、家庭の世帯年収別にも見てみよう（グラフ2）。すると、世帯年収が低い家庭ほど、「体験ゼロ」の割合が高くなっていることがわかる。世帯年収が600万円以上の家庭だと「体験ゼロ」が11・3%であるのに対し、300万円未満の家庭では29・9%となった。つまり、2・6倍以上もの格差だ。

こうした経済的な格差は、各家庭が支払っている「体験」の平均的な年間支出額にも表れている

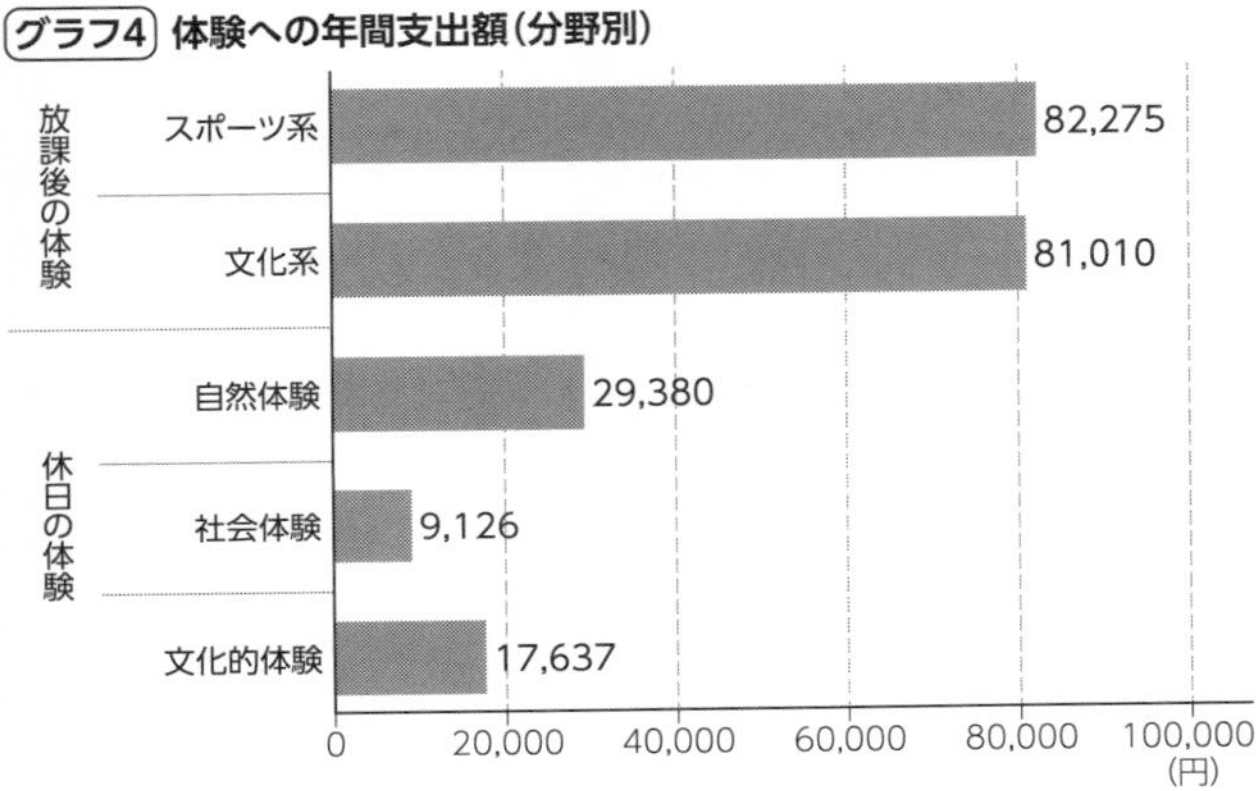

（グラフ3）。世帯年収600万円以上の家庭のおよそ12万円に対して、300万円未満の家庭では5・5万円弱。具体的な金額の面でも、およそ2・2倍の格差が生じている。

体験にかかる値段

子どもたちが様々な「体験」の機会を得るためには、具体的にどの程度のお金が必要なのだろうか。低所得家庭を中心に、ときにあきらめざるを得ないこともある「体験」、その値段はそれぞれの分野ごとに、大体いくらくらいかかっているのだろうか。

保護者の回答をもとに、何らかの習い事や体験活動に参加するにあたって、過去1年間に各家庭で実際に支出された金額をまとめたのが、グラフ4だ。

まずわかるのが、概ね毎月の費用がかかる「放課後」の体験（クラブや習い事など）のほうが、1回ごとに費用がかかる「休日」の体験（キャンプなど）よりも、年間での支出額がかなり大きくなっているということだ。

前者の「放課後」の体験については、スポーツ系と文化系のどちらも、大体同じくらいの費用がかかっている。年間で平均8万円超だ。その費用の中には、毎月の月謝に加えて、スポーツ用品や楽器などの用具代、また遠征や合宿、発表会などの費用が含まれる場合も少なくないだろう。

他方、「休日」の体験については、最も高い「自然体験」でも3万円弱で、「放課後」の体験にかかる年間の費用に比べて半額以下になっている。加えて、お金のかかりやすい旅行から、動物園や水族館、コンサート、さらには地域の行事やお祭りまでが含まれる「文化的体験」が、それらを平均すると2万円を下回る水準。そして、職業体験などの「社会体験」は、1万円未満となっている。

体験の「提供者」ごとの違い

「体験」の値段を考えるうえでは、体験の「提供者」の違いに着目することも重要だ。

例えば、同じサッカークラブであっても、企業が運営するクラブに所属するのと、放課後のグラウンド等を使って保護者がボランティアで運営するクラブに所属するのとでは、保護者にかかる費用の水準が違ってくる。体験の「提供者」の違いまで見ることで、より細かなニュアンスを把握することができる。

そこで、今回の調査では、「放課後」と「休日」のそれぞれについて、子どもたちが参加している「体験」をどんな主体が提供しているのか、保護者に聞いている。

その結果について、まずは各種の習い事やクラブなどからなる「放課後」の活動から見ていこう。

調査では、①**民間事業者**、②**地域や保護者のボランティア**、③**学校のクラブ活動**、という3つの選択肢を提示した。そして、その回答をもとに、それぞれについて平均の年間支出額を示したのがグラフ5だ。体験の「提供者」ごとに金額の違いが出ているのがわかるだろう。

スポーツ系を見ると、「民間事業者」が運営する場合は平均で約9・2万円かかっているのに対し、「学校のクラブ活動」ではそのちょうど半分の約4・6万円となっている。文化系では「民間事業者」で9万円超、「地域や保護者のボランティア」で約3・5万円だ。こちらも差が大きい。

グラフ5 放課後の体験への年間支出額（提供者別）

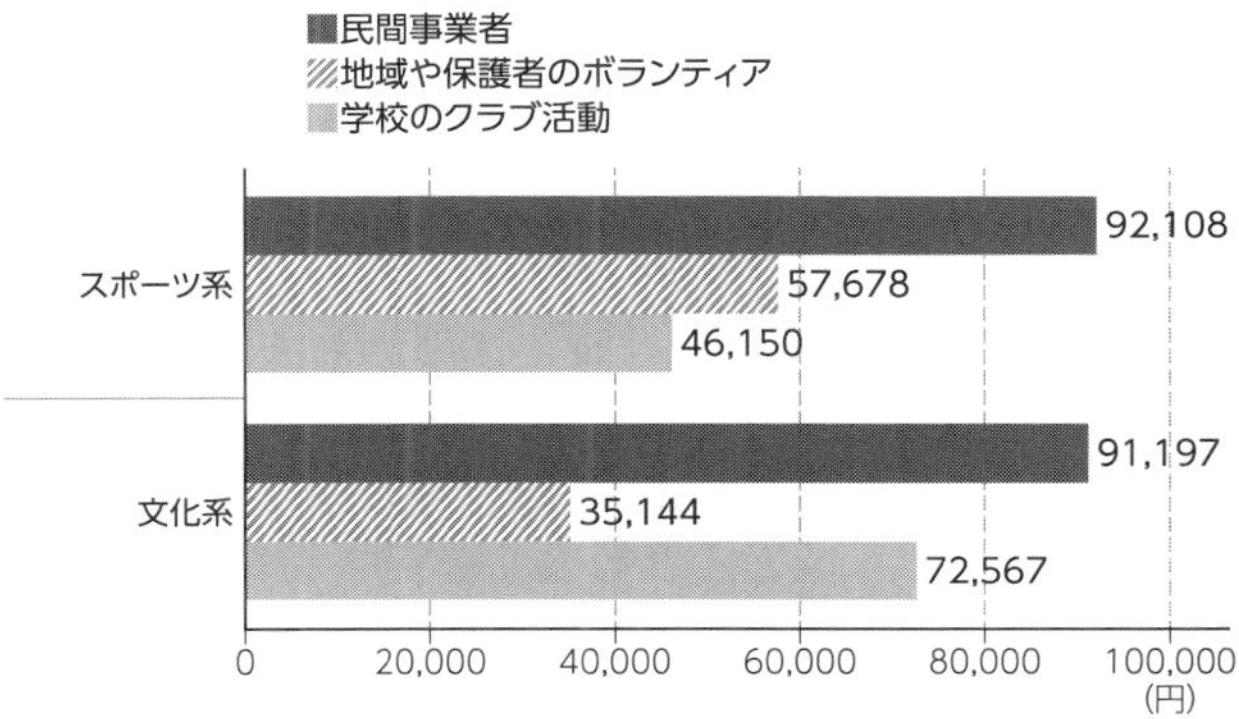

「民間事業者」で相対的に支出額が大きくなることはイメージしやすいだろう。講師や指導者の人件費、会場や設備にかかる費用が、基本的にすべてお金を払ってサービスを利用する側、つまり保護者の負担（受益者負担）になるからだ。

逆に、「ボランティア」や「学校のクラブ活動」の場合には、コーチに支払われるお金が交通費程度であったり、施設の利用にかかる費用が無料であったりすることで、保護者の経済的な負担が抑えられやすい。

ただし、地域の野球やサッカーのクラブなどをイメージすればわかる通り、保護者は単に利用者であるだけでなく、無償で様々な活動をサポートする存在として期待される側面もある。つまり、金銭的な負担の少なさと、時間的な負担の多さとがセットになっている場合があるのだ。

ひとり親家庭でかつ働いている場合などが典型的だが、こうした親にとっての時間的な負担が（お金以外の）壁となり、子どもが「体験」の場に参加することを難しくしてしまうケースもある。

次に、「休日」の体験の「提供者」については、**①民間事業者、②地域や保護者のボランティア、③自治体・公的機関、④プライベート（家族や友人同士）**、という4つの選択肢を提示した。

そのうえで、「自然体験」、「社会体験」、「文化的体験」の領域ごとに年間の平均支出額を見ると、「放課後」の体験と同じく、いずれも「民間事業者」で高くなっている（グラフ6）。

「民間事業者」の次に費用が高くなっているのが、家族や友人との様々な場所へのお出かけや旅行などが含まれる「プライベート」だ。家庭ごとの経済力の格差が出やすい領域だと言えるだろう。

それらに比べ、「ボランティア」や「自治体・公的機関」が提供する「休日」の体験は相対的に安くなっている。それらの中には無料で参加できるものもあるが、一定の参加費、また交通費や食材費といった実費がかかる場合もある。

グラフ6　休日の体験への年間支出額（提供者別）

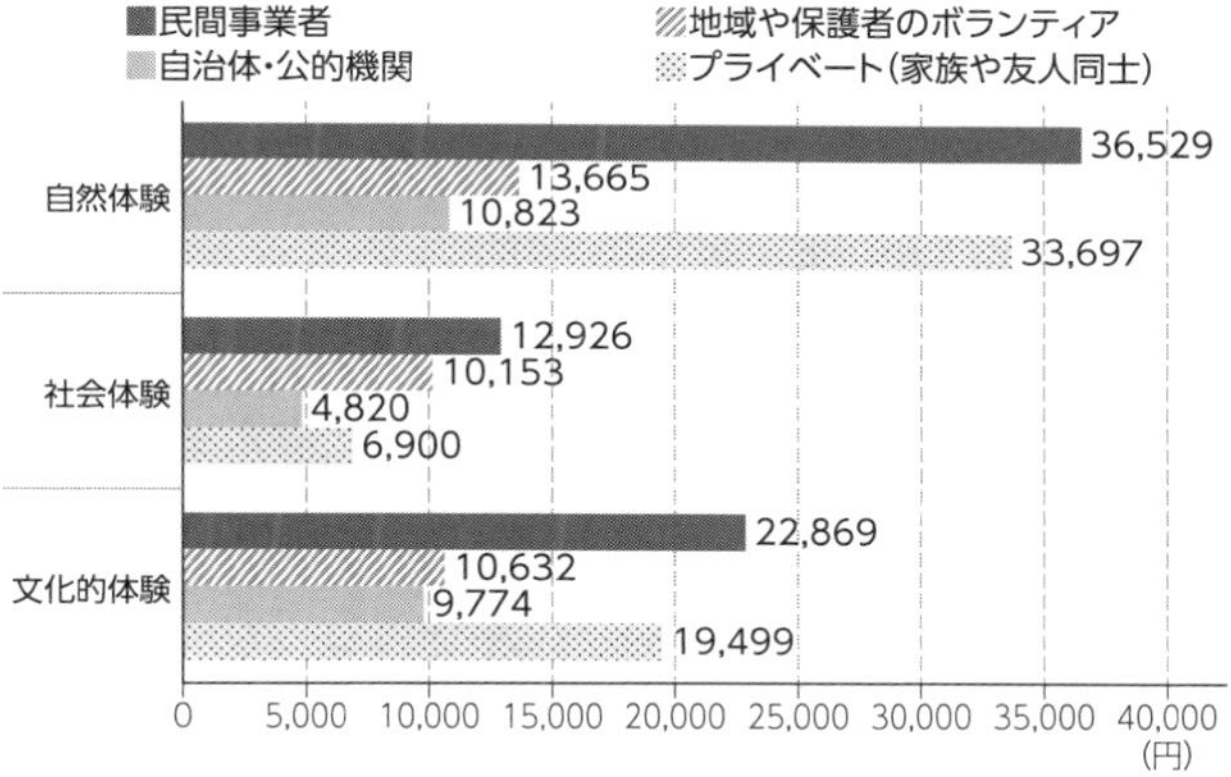

こうした体験の「提供者」ごとの支出額の違いから想像できることは、それぞれの保護者たちは自らの経済力に応じて、自分の子どもがどんな「体験」の場に参加するか（できるか）を判断しているだろうということだ。

単純化して言えば、低所得家庭の子どもは、地域のボランティアや自治体が提供する無料および安価な「体験」の場には参加しやすいが、企業などが提供するそれには参加しづらい、そんな状況があるのではないか。

体験をあきらめさせるもの

調査では、過去1年間に子どもに何らかの「体験」をさせてあげられなかった経験があると答えた保護者に対して、そうせざるを得なかった理由についても聞いている（複数回答）。

グラフ7は、その回答を世帯年収300万円未満の家庭に絞って集計したものだが、そのうち最も多いのは「経済的理由」で56・3％だった。

補足すると、昨今の物価高騰による子どもの「体験」機会への影響は低所得家庭でより強く出ており、世帯年収300万円未満の家庭ではおよそ半数にまで及ぶ（物価高騰の影響で子どもの「体験」の機会が「減った」と「今後減る可能性がある」との回答の合計）。

これまで見てきた通り、低所得家庭の子どもたちの「体験」にとって、「お金」が最大の壁であることはやはり間違いがない。だが、別の壁もある。

再びグラフ7に戻ると、保護者の回答で次に多かったのが、送迎や付き添いなどの「時間的理由」だ。こちらも51・5％と半数を超えている。そして、そのあとに「近くにない」（26・6％）、「保護者の精神的・体力的理由」（20・7％）、「情報がない」（14・3％）、「理由はない」（6・8％）といった回答が続く。

「時間的理由」が「経済的理由」に匹敵する割合となっていることは重要だ。共働きの家庭はもちろんのこと、ひとり親家庭で習い事への送り迎えや付き添いなどがより困難であることは想像に難くない。

しかも、子どもが小学生の場合（今回の調査の対象）、中高生などほかの年齢層に比べてそ

グラフ7 体験をさせてあげられなかった理由（世帯年収300万円未満の家庭）

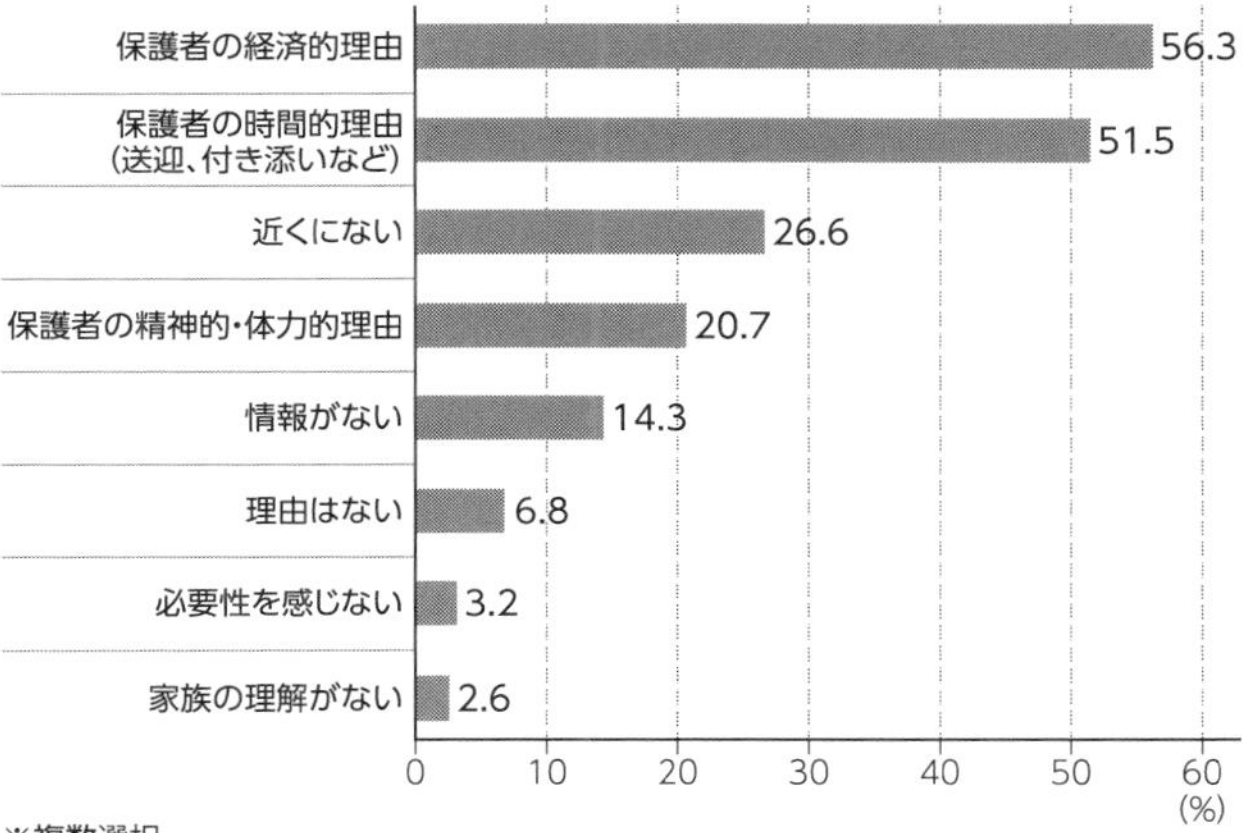

※複数選択

うした負担が大きくなるため、子どもたちが「体験」の機会からより遠ざけられやすい。例えば、もしどこか別の出費を切り詰め、子どもの「体験」にかかる月謝を何とか捻出できたとしても、定期的に送り迎えをする時間はとれない、といった状況だ。

夏に海のキャンプに参加したいと言っていたけど、経済的にも私の体力的にも厳しかった。（大阪府／小学4年生保護者）

スポ少（スポーツ少年団）でサッカーをやりたがっていたが、私がフルタイムで仕事をしているので当番などができないと思い断念した。（福島県／小学5年生保護者）

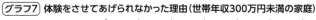

いずれも、今回の調査で寄せられた、世帯年収300万円未満の保護者からの声だ。子どもたちがやってみたい「体験」をさせてあげられない。そこには、親たちを取り巻く複合的な障壁が存在する。その中心に「お金」の問題があり、ほかの要因とも深く絡み合っている。

2. 「放課後」の体験格差

今回の調査では、子どもたちの学校外での「体験」を、主に「放課後」に行うものと、「休日」に行うものに分けている。このパートでは、主にスポーツ系や文化系の習い事やクラブが含まれる「放課後」の体験についての調査結果を見ていこう。

ここで対象となる「体験」の多くは、野球のコーチや楽器の講師など「大人の指導者」がいて、かつ一度きりではなく「定期的な参加」が前提となっているものが多い。

スポーツ系でも文化系でも

世帯年収別にスポーツ系と文化系のそれぞれについての参加率を見ると（グラフ8）、どの年収でもスポーツ系のほうが文化系よりも高い参加率となっている。

グラフ8 放課後の体験の参加率（世帯年収・分野別）

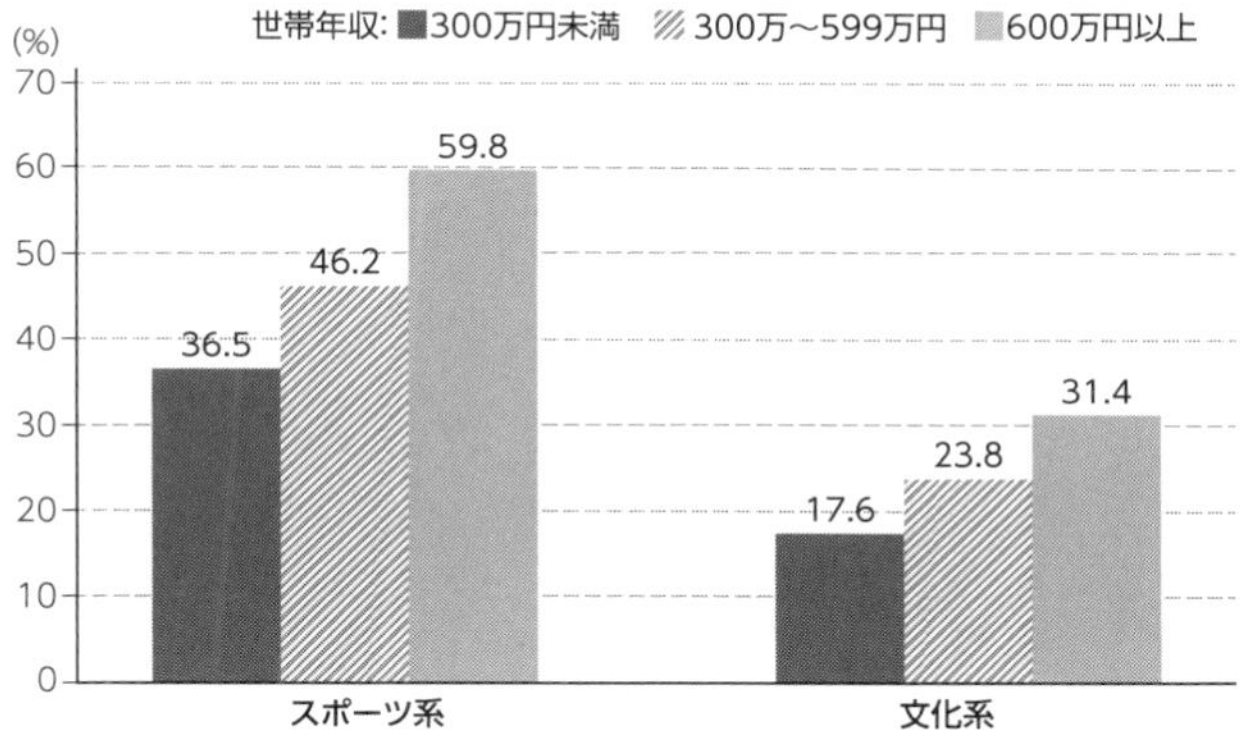

また、スポーツ系でも文化系でも、世帯年収が高いほど参加率が高くなっている。

まずスポーツ系を見ると、３００万円未満の家庭では36・5％の参加率であるのに対し、６００万円以上の家庭では59・8％となっている。１・６倍を超える格差だ。

同様に、文化系でも、３００万円未満の家庭で17・6％、６００万円以上の家庭で31・4％と、１・８倍近くの格差となっている。

結果として、スポーツ系であれ文化系であれ、「放課後」の体験の機会を一つ以上得ている割合は、世帯年収６００万円以上の家庭であれば７割を超えているのに対し、３００万円未満の家庭では半数に満たない。

要するに、３００万円未満の家庭では子どもの半数以上が「放課後」の体験がゼロだということだ。

これら「放課後」の体験においても、最も大きな壁となるのはお金の問題だ。定期的な費用として数千円の月謝（数万円のものもある）がかかり、加えてことあるごとに用具や楽器、移動や宿泊などに関する費用もかかってくる。

なかには参加費がほとんどかからない場合もある。ボランティアが放課後に学校の体育館等で運営するクラブなどだ。しかし、それでも「送迎」や「当番」の問題は折り重なってくる。


スポーツ系は保護者の当番が必要だがそんな時間は仕事中なので当番も送り迎えも出来ない。ひとり親なので仕事をしなければお金が入らない。ひとり親家庭は金銭的にも時間的にもまったく何もさせられない。（鳥取県／小学4年生保護者）

お金という意味でも、時間という意味でも、様々なリソースが乏しい低所得家庭、そしてひとり親家庭の保護者にとって、子どもたちに「放課後」の体験をさせることにはいくつものハードルが存在している。

グラフ9 スポーツ系の体験への参加率　※複数選択

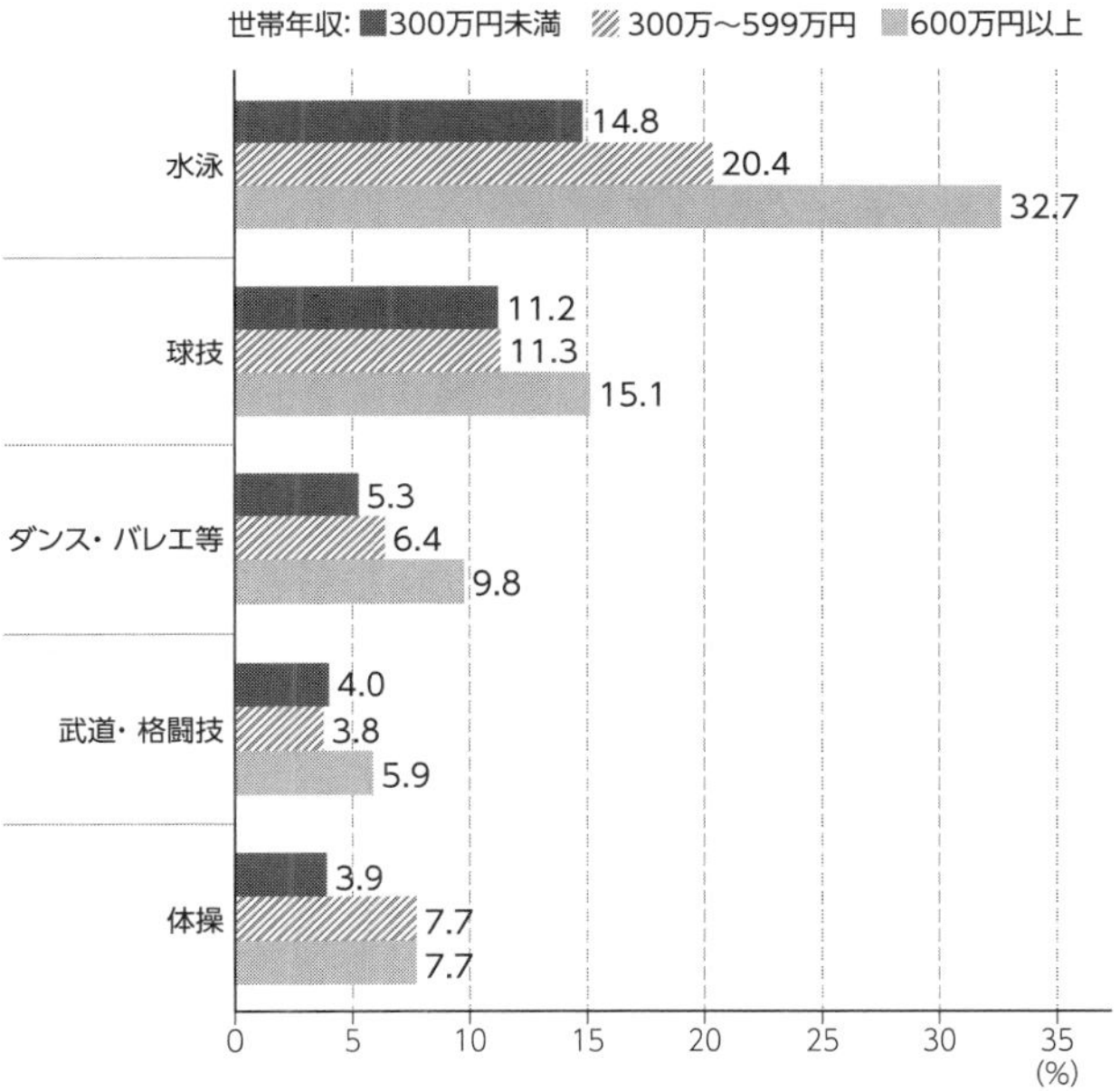

人気の水泳と音楽で生じる格差

数あるスポーツ系の「体験」の中で最も参加率が高いのが、実は水泳（スイミング）だ。サッカーや野球などを足し合わせた「球技」よりもさらに高い参加率となっている（グラフ9）。

そして、世帯年収による参加率の格差が最も大きく現れているのもまた水泳である。世帯年収600万円以上の家庭では子どものおよそ3人に1人（32・7％）が水泳に通っているのに対し、300万円未満の家庭では14・8%にとどまる。2・2倍もの格差だ。
今回の調査では、熊本県で3人の子どもを育てる女性の方から、こんな声も寄せられた。

友達が行っているから、という理由でスイミングに行きたいと言っていたが、入会金や月謝が高額で行かせてあげられなかった。

この女性はパート勤務で、夫の年収と合わせても世帯年収は300万円に届かないという。小学1年生の子どもがスイミングスクールに通うことを望んだが、経済的な理由で断念したそうだ。

文化系の「体験」では、音楽の参加率が最も高く、それに習字・書道が続く形となっている(グラフ10)。世帯年収間での参加率の格差は、習字・書道でよりも音楽でのほうが大きくなっているが、音楽のほうが様々な費用がかかりやすいことが影響しているかもしれない。世帯年収600万円以上の家庭では17・5%が何らかの音楽の「体験」に参加しているのに対して、300万円未満の家庭では7・5%にとどまっている。2・3倍の格差だ。
様々な音楽の「体験」の中で最もポピュラーなのがピアノ教室だろう。だがやはり、誰

グラフ10 文化系の体験への参加率　※複数選択

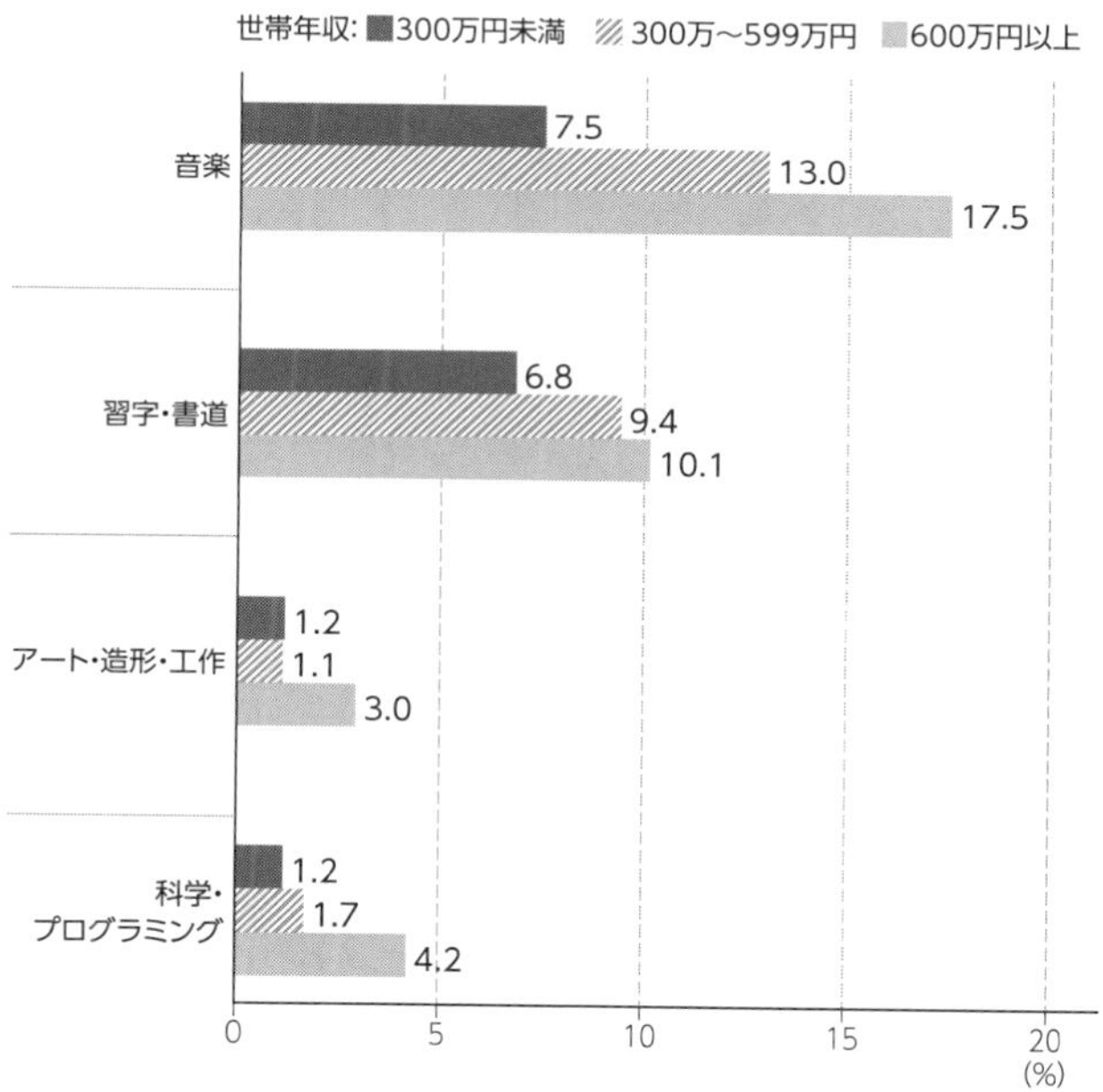

にでも手が届くわけではない。

パートで働きながら小学6年生の子どもを育てる北海道在住のシングルマザーの女性からは、教室の月謝が払えず、「ピアノを習いたい」という子どもの希望をあきらめさせるしかなかった、そんな声も届いている。

再びグラフ10に戻ると、「科学・プログラミング」は参加率の水準自体は高くないが、世帯年収での格差が強く出ている。世帯年収600万円以上の家庭で4・

2％、300万円未満の家庭で1・2％と、3・5倍も違う。
プログラミングへの注目は高まり、子ども向けの教室も増えている。だが、月謝が数千円ではなく数万円の単位になることもあり、子どもが興味を持ったとしても簡単にはさせてあげられない、そんな低所得家庭の保護者も少なくないようだ。

子ども目線で「放課後」を考える

「放課後」の習い事やクラブ活動は、すべての子どもたちが「するべきもの」、「しなくてはならないもの」ではない。「最近の子どもは習い事が忙しすぎて、遊ぶ時間も十分にとることができずにかわいそうだ」といった声を聞くこともあるが、正当な懸念だろう。
先日、首都圏の私立高校に通う学生と話す機会があった。彼の友人は、親の意向で嫌いな習い事を渋々続けているそうだ。

やりたいことができるのは大事。だけど、やめたいと思ったときにやめられることもまた、大事だと思う。

そんな彼の言葉に賛同する。この社会には、**望んでいない「体験」をさせられる子ども**

たちもいれば、**やってみたい「体験」があるのにできない子どもたち**もいるのだ（させてあげたいのにさせてあげられない親たちも）。

子どもたち一人ひとりに合った形で、一人ひとりが望む形で、放課後の時間を過ごすことができるべきだろう。友達と自由に遊ぶ時間。ぼーっと過ごす時間。習い事をする時間。

それらをどんなバランスで組み合わせたら、目の前にいる「この子ども」にとって良いと言えるだろうか。こうした問いに真摯に向き合い、大人の目線や都合から捉えるのではなく、その子ども自身の目線で、子どもの権利という観点を第一に、一緒に考えていくこと。それが子どもたちに対する、大人たちの責任であるだろう。

3.「休日」の体験格差

本パートでは週末や長期休暇（夏休みなど）といった「休日」の体験における格差のあり方を見ていく。

調査対象となる「休日」の体験は、大きく「自然体験」、「社会体験」、「文化的体験」の3つに分類できるが、そこには「放課後」の習い事やクラブ活動のように「大人の指導者」がいる場合もあるし、家族とのキャンプや旅行などそうでないものも含まれる。

グラフ11　自然体験への参加率（世帯年収別）

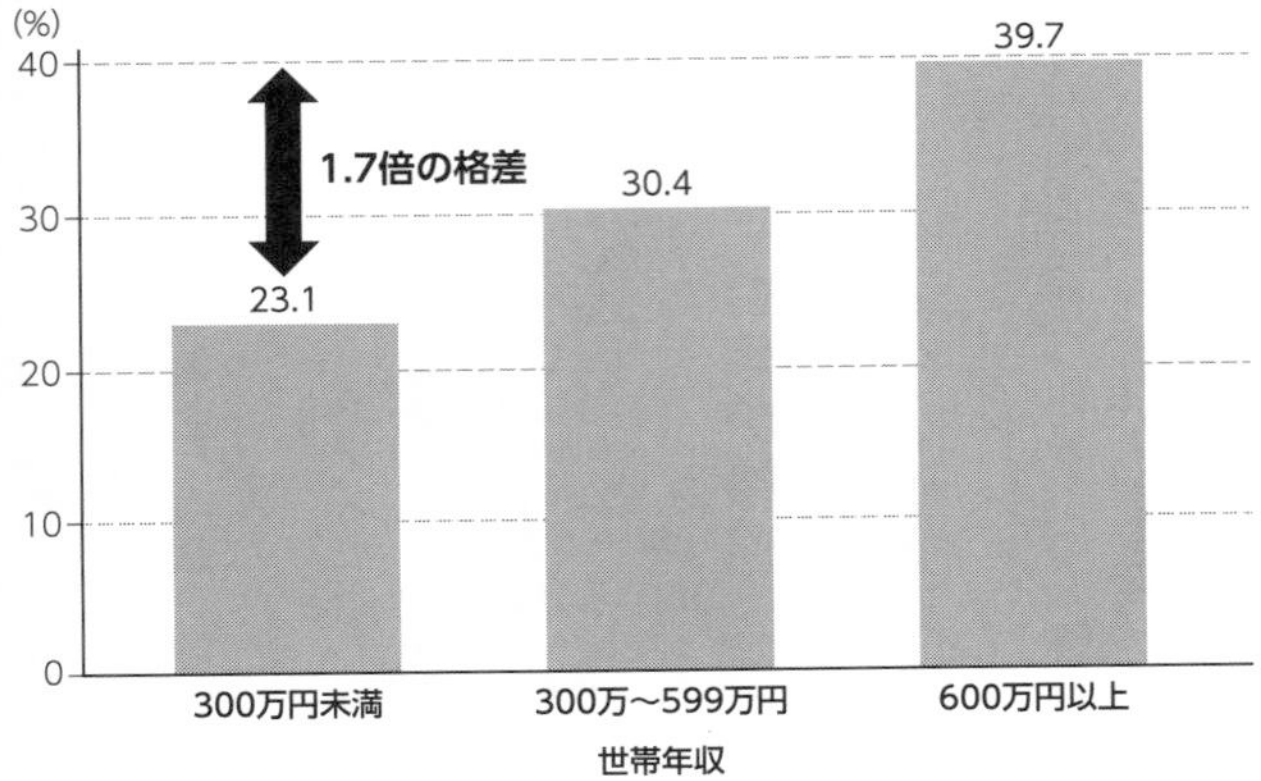

自然体験も居住地よりお金

登山、海水浴、スキーなど、自然体験には様々な活動が含まれる。そして、これらのいずれかに昨年参加した子どもの割合には、やはり世帯年収による格差が見られた。世帯年収６００万円以上の家庭で39・7％、３００万円未満の家庭で23・1％と、およそ１・７倍の格差だ（グラフ11）。

回答者の居住地を「都市部」（＝三大都市圏）と「地方」に分けたところ、自然体験への参加率に関する大きな違いは見られなかった（グラフ12）。やや直感に反するように思われるかもしれないが、「地方」の子どものほうが「都市部」の子どもよりも自然体験の機会をより多く得て

グラフ12 自然体験への参加率(居住地別)

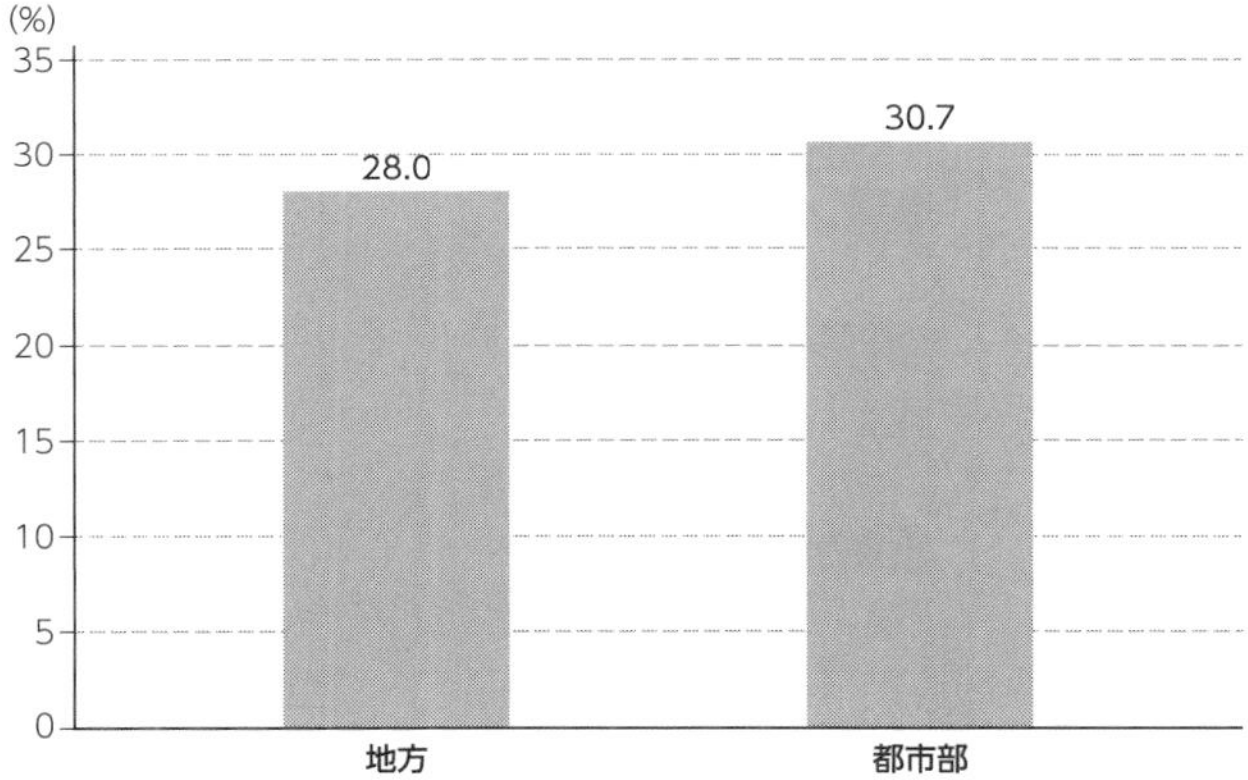

いるわけではないようだ。過去に国立青少年教育振興機構で行われた別の調査でも同様の結果が出ている。

要するに、地方に住んでいるからといって子どもたちが自然体験に参加する機会が多いわけでは必ずしもない。都市部であれ地方であれ、結局のところは家庭の経済力のほうが、子どもたちにとっての機会の大小により強く関係していると捉えて良いだろう。

自然体験への参加率ではなく、実際に支出している金額を見ると、都市部のほうが地方よりも高くなっている。旅行会社やＮＰＯなどが提供する自然体験プログラムの価格の違い、あるいは山や海などへの距離に起因する旅費や宿泊費の違いなどが影響している可能性がある。

グラフ13　自然体験への年間支出額（居住地域×世帯年収別）

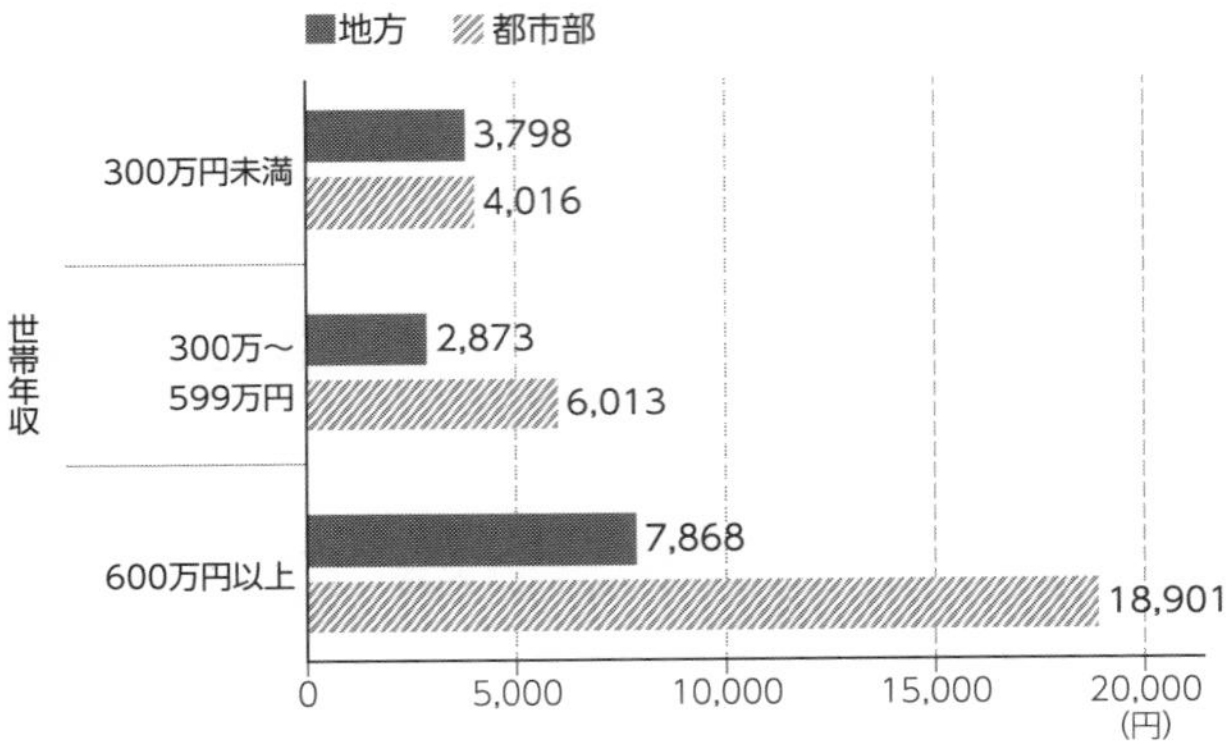

世帯年収別に自然体験への年間支出額を見ると、都市部に住む世帯年収６００万円以上の家庭だけが平均１万円を超えており（1万8000円超）、ほかに比べて突出して自然体験への支出額が大きいことがわかった（グラフ13）。

子どもに自然体験の機会を与えることにどこまでの価値を感じ、そこにどこまでのお金を払うか（払えるか）には、それぞれの家庭によって大きな違いがあるだろう。

全国各地の自然学校やアウトドア関係者が加盟する一般社団法人日本アウトドアネットワーク事務局長で「みんなのアウトドア」代表の原《はら》田《だ》順一《じゅんいち》氏は、かつて自身が関わった子ども向けのプログラムについて次のように話す。

以前、毎週のように子ども向けキャンプを

実施していたことがありますが、参加者のほとんどは都内在住の子どもたち。日帰りで８０００円前後、宿泊だと一泊あたり２万円前後かかるプログラムでしたが、きょうだいで毎週のように参加する子もいて、その多くは私立の学校に通っているような、比較的裕福な家庭の子どもたちでした。

こうした話は自然体験の分野で活動するほかの団体の方からもよく聞くものだ。都市部の世帯年収６００万円以上の家庭で自然体験への年間支出額が特に大きいという今回の調査結果とも符合する。また、一口に６００万円以上と言ってもその中での幅はとても大きく、より高所得の家庭ほどそうした傾向が強く出ている可能性は高いだろう。

逆に、世帯年収３００万円未満の家庭が、月に10万円台から多くても20万円前後の可処分所得をやりくりし、毎週1万円近く払って子どもをキャンプに参加させるなど現実的に不可能だ。

魚釣りをやりたがっていますが、私に知識・経験がないため、また金銭的余裕もないため、させてあげられていません。（熊本県／小学1年生保護者）

自然の雪との戯れを体験させてあげたかったが、時間とお金の余裕が無かった。(兵庫県/小学1年生保護者)

山や海は基本的に誰にでも開かれている。入場料がかからない場合がほとんどだ。だが、現実的には家庭の状況の違いが、子どもたち一人ひとりがどんな「体験」をするか、小学生の間にどれほどの「体験」ができるかに大きく関係している。

旅行の格差

次は「文化的体験」の領域における体験格差の現状を確認していく。その中でも比較的お金がかかりやすいと考えられる「旅行・観光」と、お金がかかりにくい「地域の行事・お祭り・イベント」という二つの「体験」に注目してみたい。

まずは「旅行・観光」だ。予想通りというべきか、やはり世帯年収ごとに子どもの参加率に2倍近くの大きな差があることがわかった(グラフ14)。世帯年収600万円以上の家庭で42・8%、300万円未満の家庭で23・2%となっている。

旅行には様々な費用がかかる。交通費、宿泊費、滞在中の食費、お土産代。家族の人数

グラフ14 「旅行・観光」への参加率（世帯年収別）

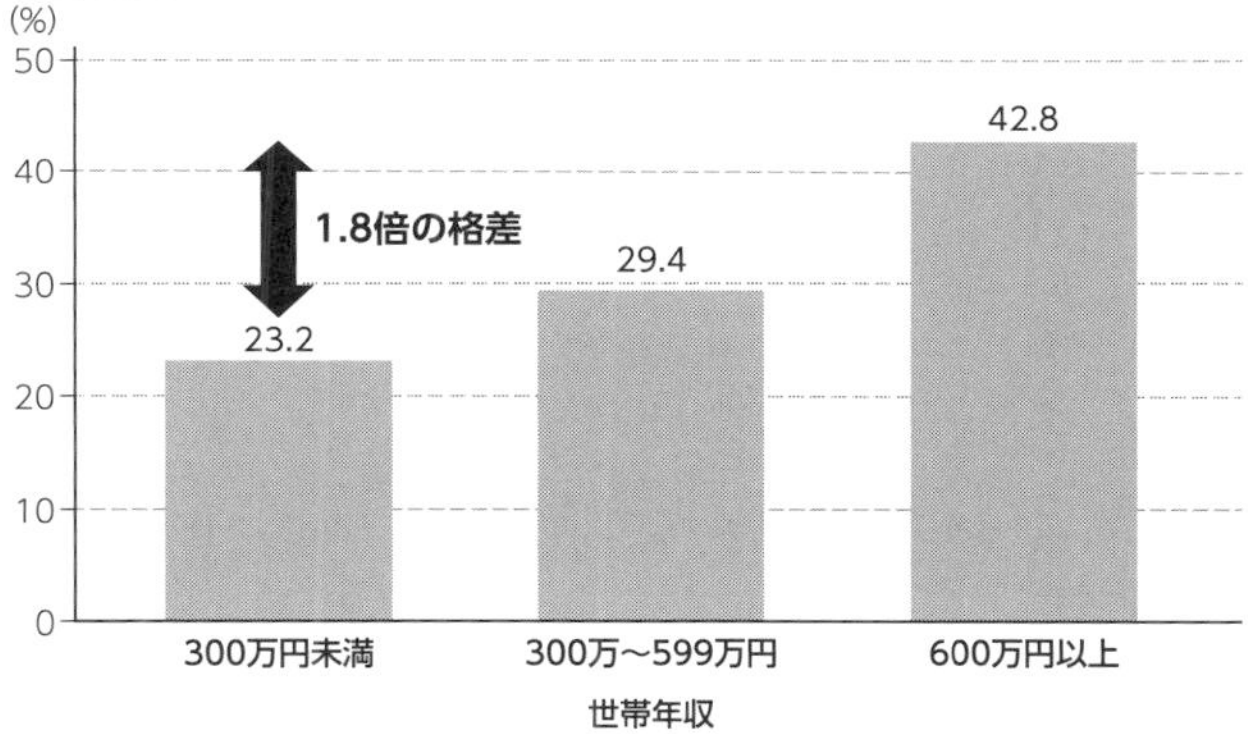

や日数、旅行先にもよるが、特に泊まりの旅行の場合は数万円、数十万円というまとまったお金が必要になってくる。海外旅行ともなればなおさらで、私たちが支援してきた子どもたちの多くにとってはいまだ縁のない体験だ。

私たちがかつて塾代を支援し、現在はすでに大人になっている男性は次のように話す。彼が子どもの頃は生活保護を受給していたという。

　お出かけとか旅行とか、基本何もなかった。保護を受けているときはどこにも行かないし。

こうした現実が広く存在する一方で、中高生向けのスタディツアーを企画・運営する団体の方からはこんなお話も聞いた。この社会にあるまた別の現実だろう。

これ自体は悪いことではないですが、お金のある家庭が、子どもの体験や経験を「買いにきている」と感じることは多いです。東南アジアでスタディツアーを行った際、航空機代が値上がりしていることもあり、参加費が30万円と高額な設定になりました。それにもかかわらず多くの申し込みがありましたし、なかにはご兄弟ご姉妹で申し込んだ家庭もありました。

子どもが海外も含めた色々な場所に行き、普段とは違った経験をする。そこには娯楽的な側面と教育的な側面の両方があるだろう。昨今、学力だけでなく、学生時代の活動や経験も重視される入試制度が広がりつつある。そんな中、保護者は、我が子にできるだけ多くの「体験」の機会を提供しようと考える。だが、それをすることができる親は、実際にはかなり限られているのだ。

近所のお祭りにすらある格差

遠くの旅行や観光の機会に家庭の経済力の差が出やすいことは想像しやすい。では、近所のお祭りやイベントごとだとどうだろうか。

グラフ15 「地域の行事・お祭り・イベント」への参加率（世帯年収別）

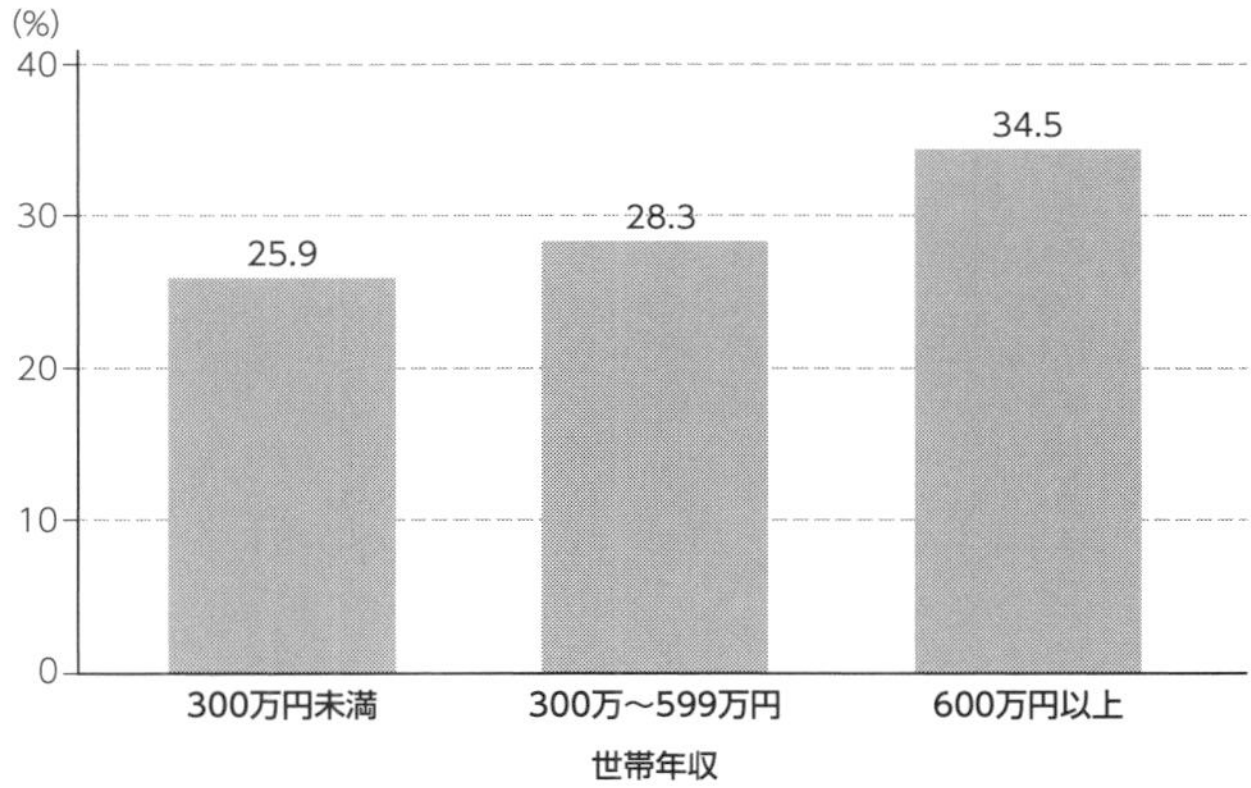

その点を聞いてみた結果がグラフ15だ。すると、「旅行・観光」ほどではないが、「地域の行事・お祭り・イベント」でも、やはり世帯年収の違いに応じて、子どもたちの参加率に差が生じていることがわかった。年収600万円以上の家庭と300万円未満の家庭では1・3倍超の格差だ。

交通費や宿泊費などがかからない近所の行事などですらこうした格差があるのはなぜか。まず、お金の問題はあるだろう。数十円、数百円という単位で日々節約に励んでいる保護者にとってみれば、お祭りで色々なものを買い与えることも十分負担になる。

そして、時間的な制約、体力的な制約の問題も、やはりあるだろう。地域の行事やお祭りなどは、単にお金を払って参加するだけでなく子どもや親が出し物を提供する側に回ることまでが「参加」の意味合いに含まれている場合も少なくない。

地域のお祭りなどの活動に積極的に参加できるのは、経済的にも時間的にも、ある程度の余裕がある方が多いかもしれません。日中に仕事をしながら一人で子どもを育てていると、送迎や付き添いとか、そういった面で難しいなと感じます。

あるシングルマザーの女性からお話を伺う中で語られた実感だ。

加えて、情報の問題もある。無料で参加できる地域のイベントがあってもその情報を知らないという問題だ。

経済的困難を抱える子育て家庭向けに地域の様々な情報を配信する事業を行う、NPO法人チャリティーサンタ理事の河津泉《かわづいずみ》氏は次のように話す。

たくさんの情報の中から自分たちに合う情報や必要な情報を探すのがしんどいという声は多いです。例えば、地元の有名企業が主催する無料の「仕事体験プログラム」は毎年人気ですが、こうしたイベントには情報感度の高い人たちの申し込みが集まり、すぐに枠が埋まってしまいます。そのため主催企業もそこまで積極的な広報をしません。低所得家庭のもとには、こうした情報がなかなか届かないんです。

無料で提供されている色々なイベントがあるじゃないか、お金がなくてもそれをちゃんと探して参加すれば十分だ、そんな意見もあるかもしれない。

しかし、情報を探すのにも時間がかかる。労力がかかる。毎日働くことに精一杯で、地域とのつながりを持つことができず、親同士の関係も構築できず、口コミでの情報が自分には回ってきづらいのだという声もたくさん聞いてきた。

親の努力でどうにかできることがないわけではない。それはそうかもしれない。様々な制約の中で必死の工夫を重ねる保護者たちもいる。

ただやはり、子どもたち一人ひとりの姿を思い浮かべるなら、そしてかれらにはどうにもできない「体験」の格差のことを考えるなら、それが保護者の自己責任に帰すれば済む問題でないことは、明らかだと思える。

「楽しい思い出」があることの意味

「文化的体験」の中で、旅行やお祭り以外の参加率はどうなっているだろうか。それをま

グラフ16 その他の文化的体験への参加率（世帯年収別）※複数選択

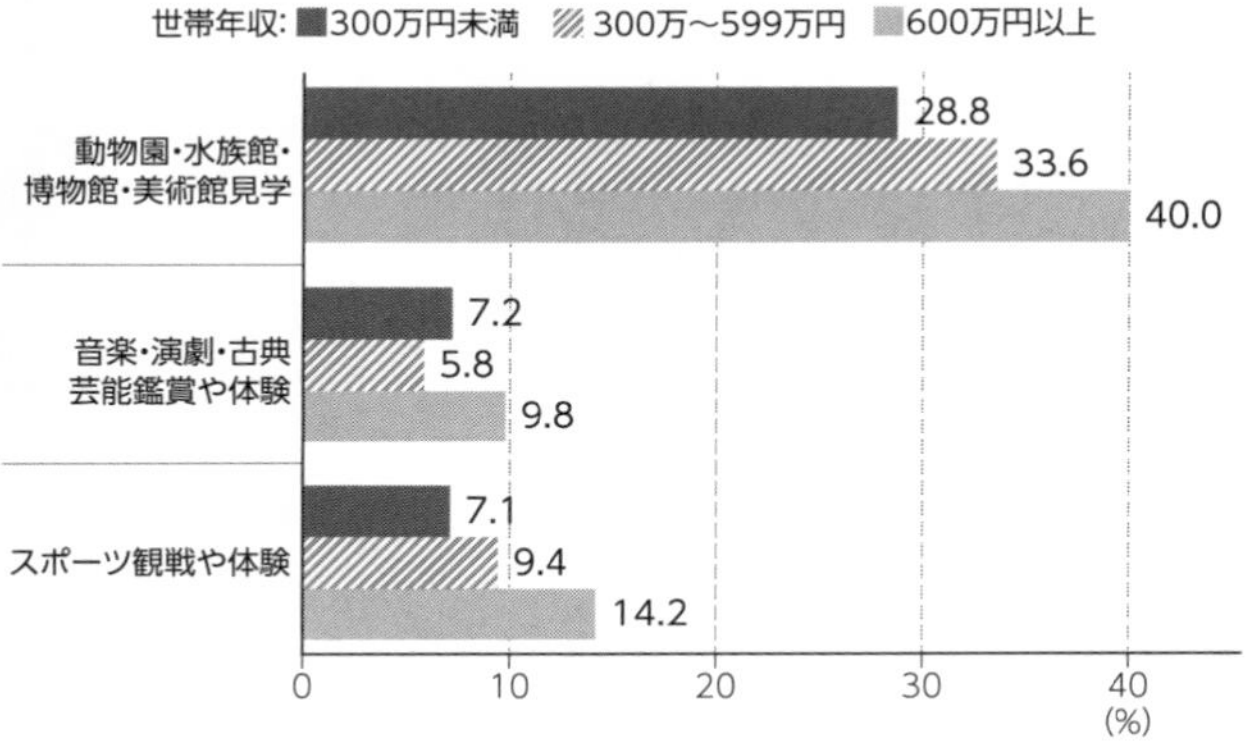

とめたのがグラフ16だ。動物園や水族館、音楽鑑賞、あるいはスポーツ観戦などでも世帯年収による格差が生じている。

こうした「体験」の数々は、そして「体験」の欠落の数々は、一人ひとりの子どもたちが成長する過程の中で徐々に蓄積していく。

その一つひとつは些細なものに見えるかもしれない。美術館に行ったことがあるのかないのか。演劇を鑑賞したことがあるのかないのか。しかし、それはゆっくりと蓄積していくのだ。どこにも行くことのない休日も、遠出や旅行のない夏休みも。

もちろん、学校教育の中でも、色々な「体験」をする機会はある。しかし、それらに加えて、学校の外でもより豊富な「体験」をできる子がいる一方で、そうした機会がほとんど与えられない子たちもまたいるのだ。
生活困窮家庭や不登校の子ども・若者の支援事業を行うNPO法人TEDICの代表理事を務める鈴木《すずき》平《たいら》氏は、活動をする中で、「様々な困難を抱えている子どもにとって、学校の外で行ったキャンプやお出かけの思い出が、生きるうえでの心のよりどころになる」と感じてきたという。

一緒にキャンプに行った男の子は、数年経った今もそのときのことを楽しげに語ってくれる。昔の「楽しい思い出」が、しんどい日常に戻らなくてはいけないときにも、もう少しがんばってみようというエネルギーになると思う。

かつての「楽しい思い出」が、つらいことに直面したときに心の支えとなることがある。子どもだけではない。大人にとってもそうだろう。そんな思い出を「休日」の中で一つずつ、ゆっくりと積み重ねていけるかどうか。残念ながら、この社会の現実の中では、まだ「当たり前」から程遠い理想だ。

グラフ17 体験への参加率（居住地別）

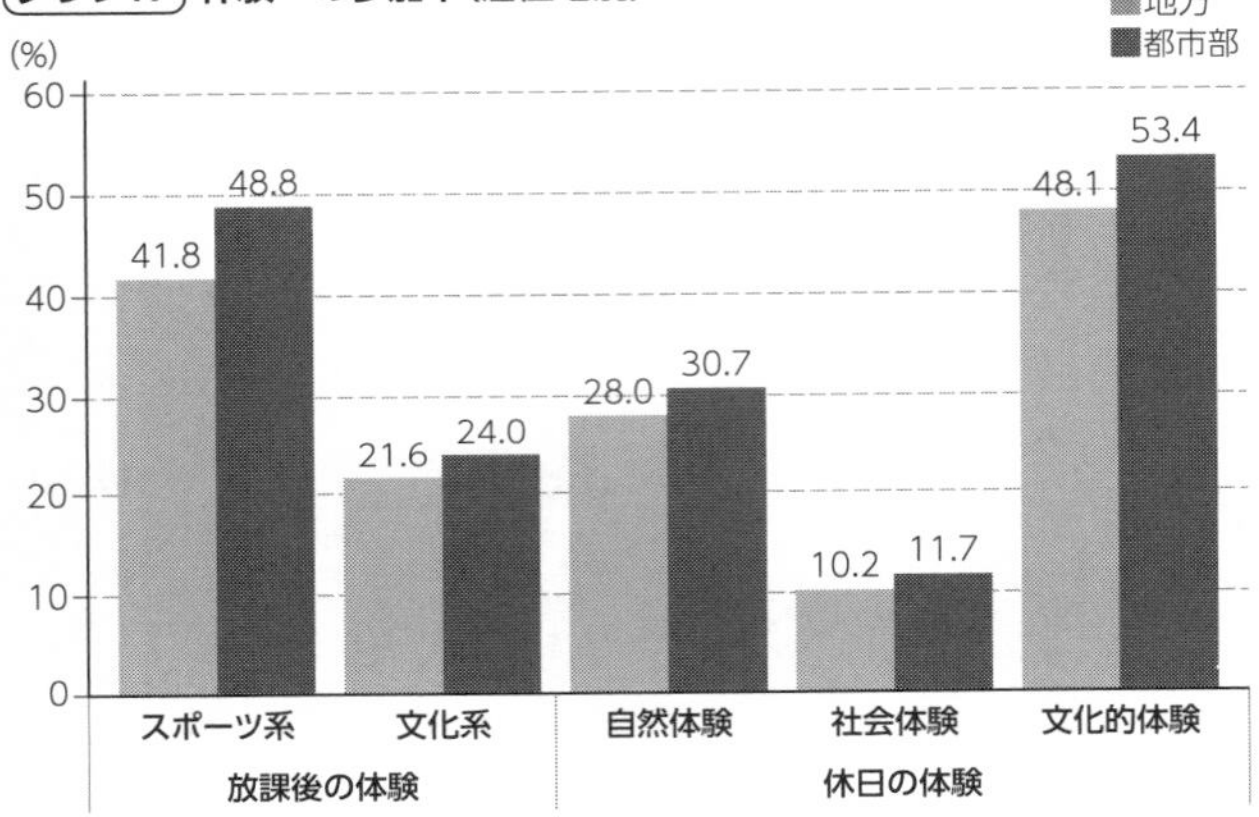

4.「地域」と体験格差

都市部に住んでいるか地方に住んでいるかの違いによって、子どもたちの「体験」の機会に、どれほどの格差が存在するのだろうか。このパートでは、調査回答者の居住地域に焦点を当て、「体験」との関係を見ていこう。

都市部と地方の体験格差

今回の調査では、回答者が住む都道府県を聞いている。そこで、既存の社会調査にならい、三大都市圏（東京、千葉、埼玉、神奈川、愛知、京都、大阪、兵庫）を「都市部」とし、その他の地域（非三大都市圏）を「地方」として、調査結果の集計を行った。

グラフ18　体験への年間支出額（居住地別）

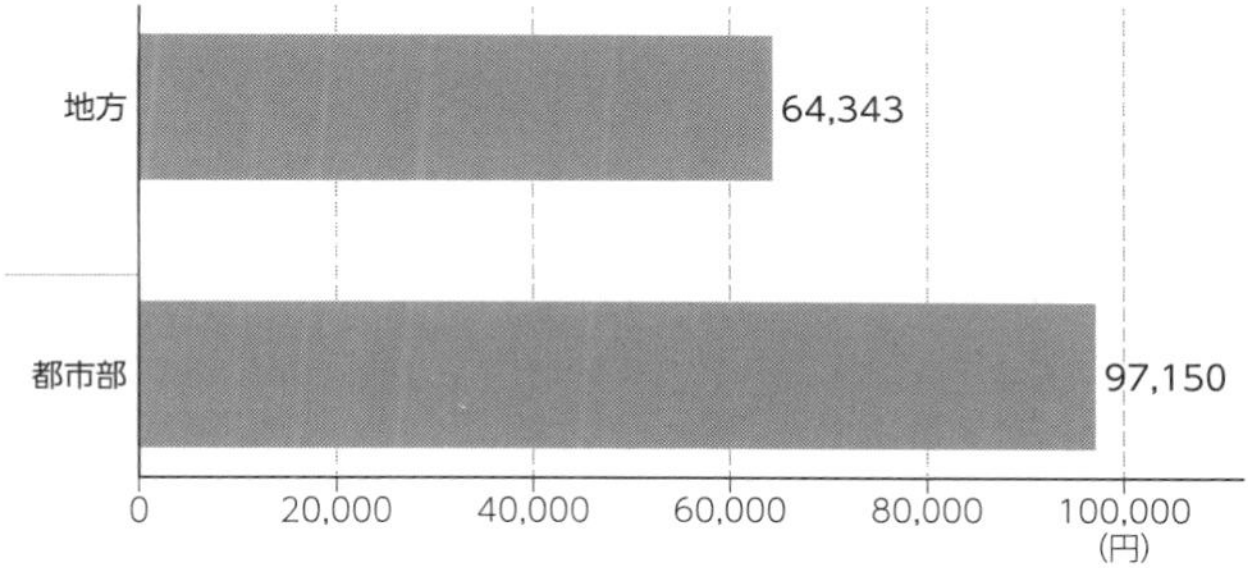

すると、「放課後」の習い事やクラブ活動についても、「休日」のキャンプやお出かけなどについても、都市部の子どものほうが、地方の子どもよりもやや高い参加率となった。例えば、スポーツ系の習い事やクラブ活動への参加率は、都市部で48・8％、地方で41・8％となっている（グラフ17）。

また、「体験」への年間支出額を見ると、参加率よりも差がはっきりと出ている。都市部（9・7万円）のほうが、地方（6・4万円）よりも1・5倍ほど高い（グラフ18）。

都市部と地方とでは、「体験」への参加率よりも、支出額における格差のほうが大きい。なぜだろうか。一つの仮説として考えられるのは、都市部のほうが地方よりも様々な体験の価格が高いのではないかということだ。

グラフ19 体験の提供者（居住地別）

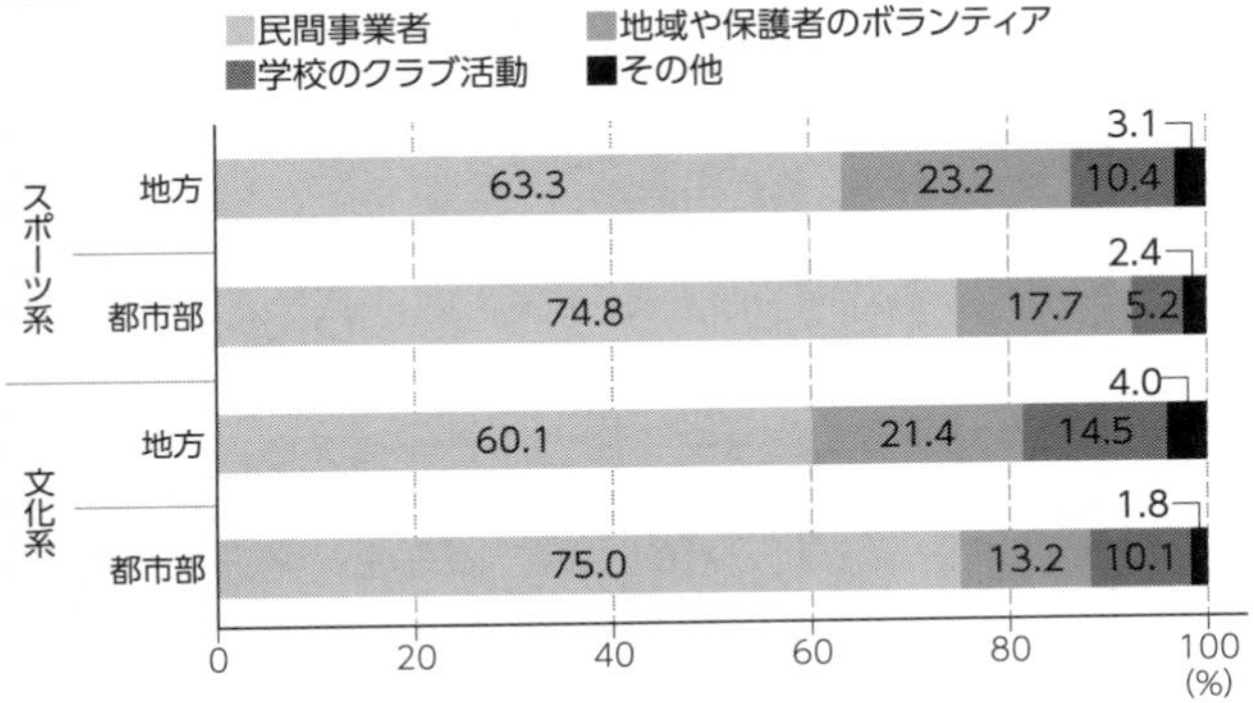

調査からは、都市部のほうが地方よりも、企業など民間事業者が運営する教室やクラブに通っている子どもの割合が高いことがわかった（グラフ19）。休日に行う自然体験なども同様だ。

逆に、地方では、都市部に比べて、地域や保護者のボランティアにより運営されている活動に参加している子どもの割合が相対的に高くなっている。

都市部のほうが地方よりも、体験の「提供者」における民間事業者の割合が高く、それゆえそこにかかる費用が高くなっている可能性があるだろう。

ただし、「体験」に関わる費用の中には、地方のほうが都市部よりも負担が大きいものもある点を見逃してはならない。その一つが、移動にかかる交通費の問題だ。

例えば、沖縄県那覇市の公益財団法人みらいファンド沖縄では、沖縄の様々な離島に住む子どもたちの部活動の派遣費負担について独自に調査を実施し、白書にまとめている。同財団副代表理事の平良《たいら》斗星《とうせい》氏は、次のように語る。

離島の子どもたちが部活動の試合に参加するためには、沖縄本島や県外の都市部に遠征する必要があります。石垣島の子どもたちが本土の大会に参加したケースだと、旅費の高い夏休みには往復10万円以上の交通費がかかることもありました。そうした経済的負担はそのまま家庭にのしかかってくるため、経済的困難を抱える家庭の子どもが、本人の知らぬ間に選抜メンバーから外されてしまうという問題が、実際に起きています。

こうした交通費負担の問題は、沖縄や離島の子どもたちに限られるものではない。都市部からの距離が離れるほど、試合や発表会に参加するための交通費や引率の負担が大きくなってしまう。

都市部と地方の間にある体験格差の実態を把握することに加え、都市部にありがちな阻害要因、地方にありがちな阻害要因を、それぞれ見ていく必要もあるだろう。

より細かく「地域」を見ていくと

地域と体験格差という観点に立ったとき、今回の調査だけでは見えてこない、より細かな地域ごとの実情があるだろう。

まず、今回の集計で「都市部」とした三大都市圏の中には、実際には、政令市のような人口規模の大きな自治体から、山間部の小規模な自治体までが含まれてしまっている。

こうしたざっくりとした分類が有効でないわけではもちろんないが、もし都道府県レベルではなく、より細かな自治体のレベルで「都市部」と「地方」の分類を行うことができれば（それに足るサンプル数の調査を実施することができれば）、「体験」の機会やそれに対する支出の程度の違いは、より明確に見えてくるだろう。

さらに言えば、同じ自治体の中でも、地域ごとの違いが存在する。首都圏のとある自治体では、ＪＲの駅周辺には高級マンションが建ち並び、スポーツクラブや音楽教室などが多くある一方で、駅から離れたエリアに行くほど民間事業者は少なくなり、公共施設で活動する地域のボランティアによる体験の場が増えていく。

これらのエリアは互いに隣接していて、徒歩や自転車でも移動できるほど近い。だが、どちらのエリアに住んでいるかによって、子どもたちが選び得る「体験」のあり方は変わってくるだろう。

地域によっては、そもそも「体験」の選択肢自体が乏しい場合も少なくない。東京都内で子どもの居場所づくりをしているNPO法人Chance For All代表理事の中山勇魚《なかやまいさな》氏は、次のように語る。

経済的に困難な家庭の多い地域に行けば行くほど、地域の「体験」の担い手そのものが少ないですね。お金を払って体験に参加しようとする人が少ないうえ、家庭に経済力もないので、民間事業者による習い事などが成り立ちにくいからです。地域の住民たち自身もスポーツや文化活動に触れてきた経験が少なく、ボランティアなどの市民活動の担い手も育ちにくいのだと思います。

教育社会学者の松岡亮二《まつおかりょうじ》氏が著書『教育格差』の中で紹介しているある自治体のデータによると、1種類以上の習い事をしている公立小学校4年生の割合は、その自治体全体で84%だった。だが、その同じ割合を学校ごとに見ると、100%の学校もあれば、45%の学校もあったのだという。学校ごとに明確な差があったわけだ。

松岡氏は同著の中で、異なる学校や地域の間で、親の社会経済的地位（Socio-economic Status：SES）や文化資本の格差が存在していると指摘する。たとえ学習指導要領などによって日本の義務教育が全国で標準化されていても、細かな地域ごとに規範や価値、子どもや教育に対する期待のあり方には差異があり、それが「隠れたカリキュラム」として機能しているというのだ。

何らかの「体験」をしてみたい、自分の子どもにさせてみたいという欲求自体、一定程度、社会的な影響のもとにある。次のパートでは、子どもの「体験」と、その親の子ども時代の「体験」との関係を見ていくことにしよう。

5.「親」の体験格差

「放課後」のピアノ教室であれ、「休日」の山登りであれ、子どもにとってのどんな「体験」であっても、その起点には子ども自身の「やってみたい」と思う気持ち、あるいは保護者の「やらせてみたい」、「やらせてあげたい」と思う気持ちがあるだろう。特に子どもが幼い頃は、親の意向がより重要な要因となってくるはずだ。

「親の体験」と「子どもの体験」

子どもの体験格差を考えるうえでは、保護者の収入や居住地などの客観的な情報だけでなく、親子の間の関係性や働きかけについても想像し、考えをめぐらせることが重要になる。そこで、今回の調査では、親自身がまだ子どもだった頃の「体験」のあり方についても質問の項目を設けることにした。

具体的には、自身が小学生だった頃にスポーツ系や文化系など定期的に通う習い事をしていたかどうか（「放課後」の体験）、そして自然体験や文化的体験などの機会が年に1回以上あったかどうか（「休日」の体験）を聞いた。

その結果、親自身が小学生時代に「体験ゼロ」であった割合は19・3％だった。逆に、保護者の80・7％はかつて何らかの「体験」をしていたことになる（なお、子どもについては「昨年1年間」の体験を聞いているので、親と子の数値を同列に比較することはできない）。

この割合を確認したうえで、自身が小学生時代に「体験ゼロ」の保護者とそれ以外の保護者とで、その子どもの「体験」のあり方にどのような違いがあるかを分析した。

すると、親自身が「体験ゼロ」の場合は子どもも「体験ゼロ」である割合が5割を超える（50・4％）のに対し、親が何らかの体験をしていた場合は子どもの「体験ゼロ」が1割強（13・4％）にとどまることがわかった（グラフ20）。非常に大きな違いだ。これは何を意味するのだろうか。

ここまで見てきた様々な調査結果を振り返れば、親の収入が子どもの様々な「体験」の

グラフ20 「親の体験」の有無と、「子どもの体験」の有無

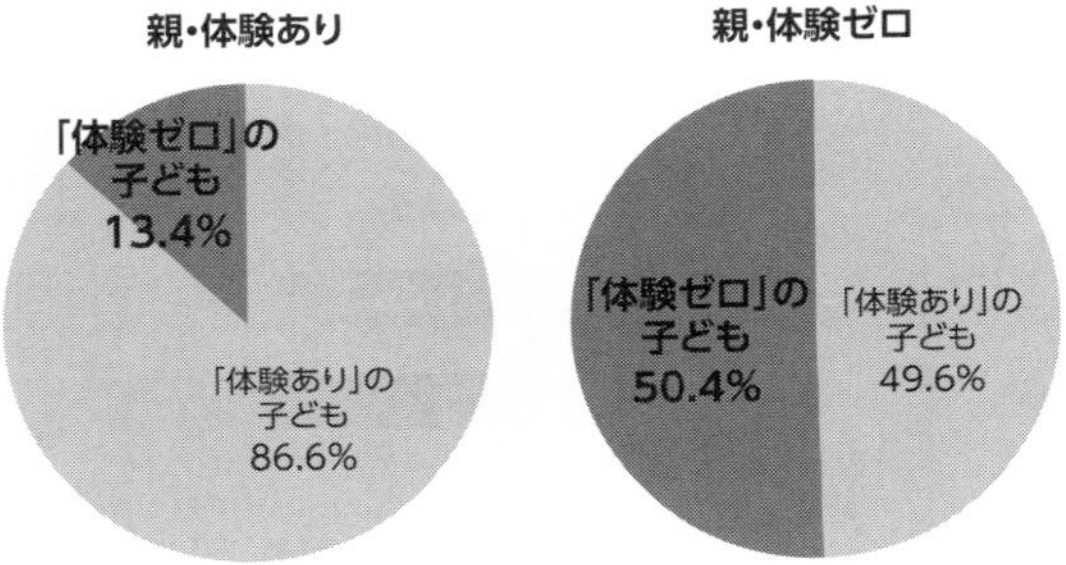

機会と強く関係していることは明らかだ。ならば、自身も子ども時代に何らかの「体験」をしていた親たちは、現在収入が多い層と大きく重なっているだけなのかもしれない。そんな仮説も立てられるだろう。

しかし、「親の体験」の有無と「子どもの体験」の有無との関係を、現在の世帯年収ごとに集計してみると、どの年収区分においても、「親の体験」ゼロの場合は「子どもの体験」もゼロになる割合が高いことがわかった。

つまり、近しい年収の親たち同士を比べたときにも、「親の体験」の有無によって「子どもの体験」のあり方に大きな違いが出ている。

言い換えれば、たとえ現在の年収が低くとも、親自身が子ども時代に何らかの「体験」をしている場合には、その子どもは一つ以上の「体験」に参加している割合が高くなっている（つまり、「体験ゼロ」の割合が低く

グラフ21 「親の体験」の有無と、「子どもの体験」の有無（世帯年収別）

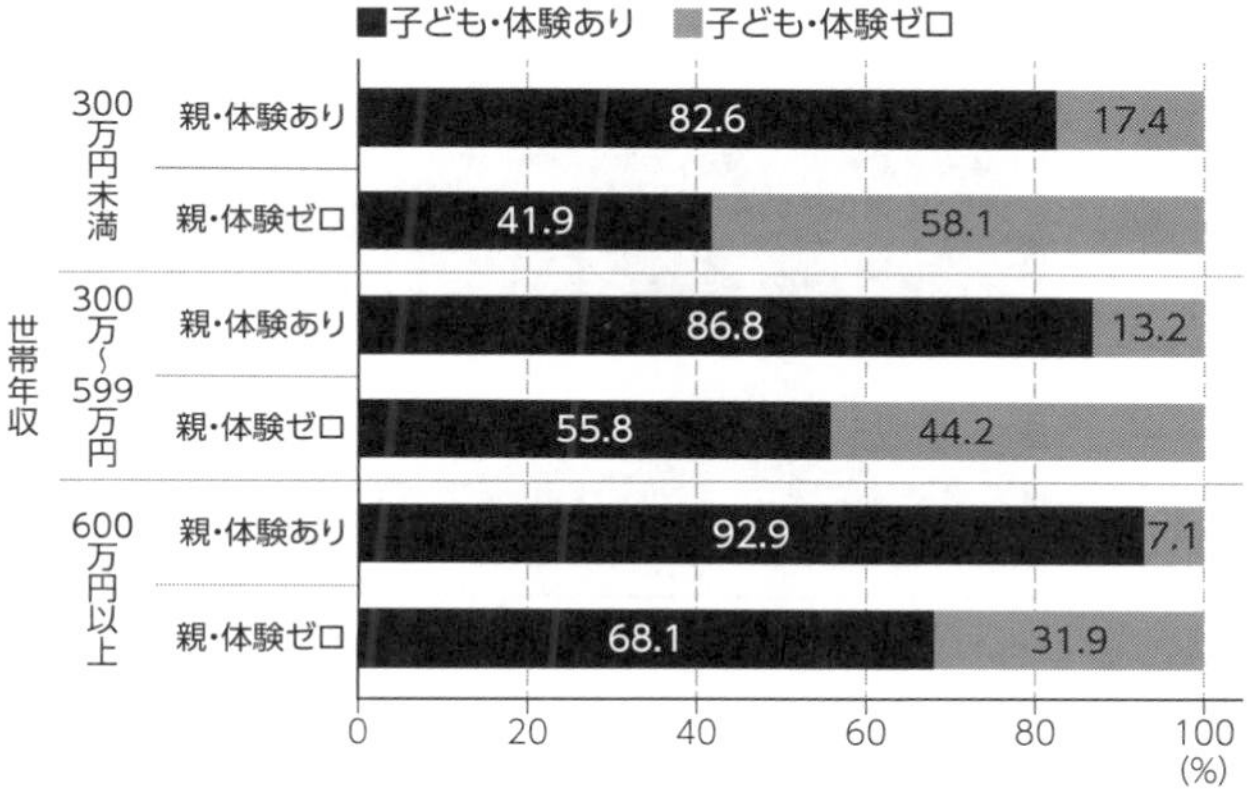

なっている）。

例えば、世帯年収３００万円未満の家庭を見ると、親の子ども時代の「体験」の有無によって、子どもの「体験ゼロ」の割合には17・4％と58・1％という形で大きな違いが出ている。そして、ほかの年収区分においても、これと同じ顕著な傾向を見てとることができた（グラフ21）。

「あきらめさせた」と感じる背景

親による子どもの「体験」の捉え方やそれへの意向を理解するうえでは、調査の別の項目も参考になった。それは、「子どもがやってみたいと思う体験をあきらめさせたことがあるか」を聞いた設問だ。

この質問に対する親からの回答を、親自身の

グラフ22 子どもに体験をあきらめさせたことがあるか（「親の体験」有無別）

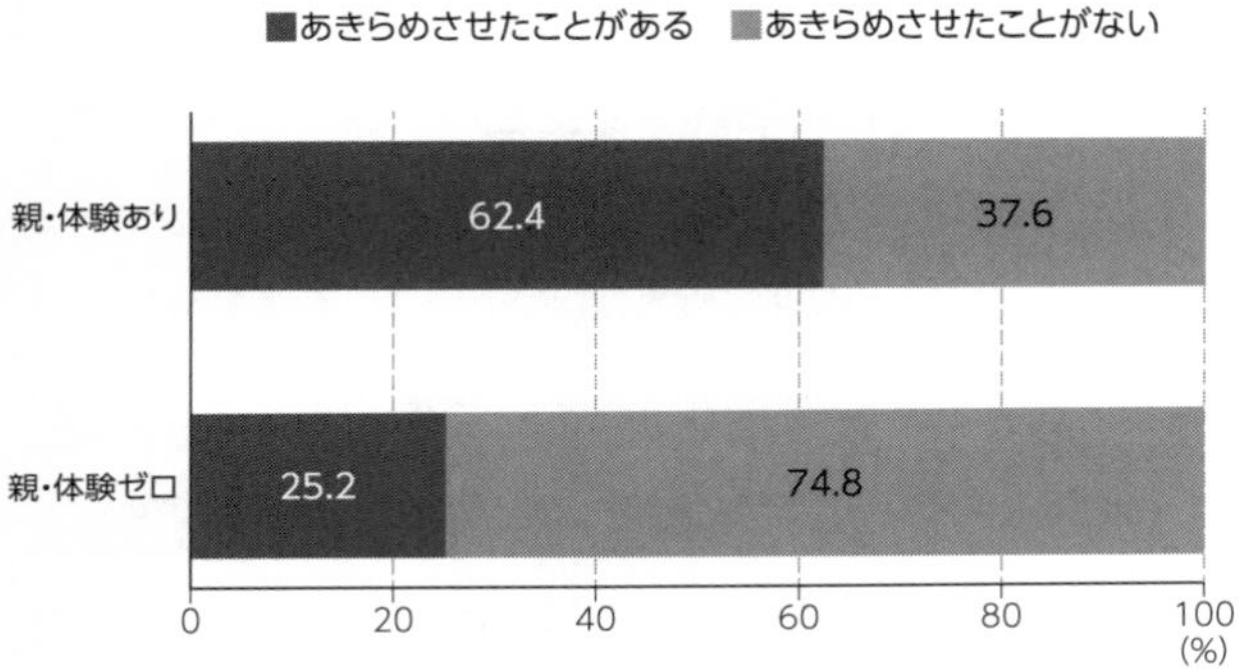

小学生時代の「体験」の有無と掛け合わせたところ、子ども時代に「体験」をしていた親のほうが、子ども時代に「体験ゼロ」だった親よりも、自分の子どもがやってみたいと思う「体験」をあきらめさせたことのある割合がかなり高くなった（逆ではない）。前者が62・4％であるのに対し、後者では25・2％にとどまる（グラフ22）。

ちなみに、同じ「あきらめさせた経験」への回答を世帯年収と掛け合わせたところ、あきらめさせたことのある割合は、「300万円未満」で49・1％、「300万〜599万円」で54・9％、「600万円以上」で58・9％となり、経済的な壁のより高い低所得家庭で「あきらめさせた経験」がより多く見られたわけではなかった。

ここから示唆されるのは、親自身が子ども時代に何らかの「体験」をしてきたこと自体が、自分が親になったあとに我が子に対して価値のある「体験」をさせてあげたいという気持ちや欲求を持つことの土台となっているのではないか、そして子どもに対してその「体験」を「させてあげたい」という気持ちをより強く持つからこそ、経済的な事情など様々な理由で「させてあげられなかった」と感じる状況もより生まれやすくなっているのではないか、ということだ。

つまり、親自身がピアノにせよサッカーにせよ、水泳にせよ登山にせよ、それらの「体験」に一定の価値を感じていなければ、子どもにそれを「あきらめさせた」という思いになりづらく、同時に親自身がその「体験」に価値を感じる背景として、自分自身の子ども時代の「体験」があるのではないか。

実際に、子どもにキャンプなどをさせたことがないという親から話を聞くと、自分自身も子ども時代にそうした自然体験をした思い出がないという。そして、もし今お金や時間に余裕ができたとしても、そのお金と時間はきっとキャンプとは別のことに使うと思うと語っていた。視野をさらに広げれば、かつて親自身が子ども時代にどんな「体験」をしていたかに対しても、その親（＝祖父母）の子ども時代の「体験」のあり方が関係していたと考えるほうが自然だろう。

どうやら体験格差という問題は、同世代の子どもたちの間にある格差として捉えるのみでは十分ではなさそうだ。世代を超えて格差が連鎖すること、世代を超えて格差が固定化している可能性まで含めて、この問題を見ていく必要がある。

ある子どもが何らかの「体験」に興味を持たない、やりたいとも感じない状態には、個人的な趣味や好み以上の背景がある。

そうであればこそ、社会全体で子どもの体験格差の解消を考えるのなら、「やってみたいのにできない」子どもたちだけでなく、「何に興味があるのかがまだ見つかっていない」子どもたちにまで目を向けるべきだ。

そして、何か一つの「体験」を無理やり押し付けるのではなく、色々な「体験」に触れられる機会を用意し、その中から好きだと思える「体験」を見つけるサポートをしていくべきだろう。

6．体験格差の「現在地」から

ここまで、「お金」「放課後」「休日」「地域」「親」という様々な視点から、私たちが実施した子どもの体験格差についての全国調査の結果を確認してきた。

第一部の最後となるこのパートでは、これまでの議論を振り返りつつ、低所得家庭で「体験格差」がどのように現れているか、その大まかな類型化を試みてみたい。

「無理をする」か「あきらめる」か「求めない」か

最初に改めて確認しておくべき点は、「放課後」の習い事から、「休日」の自然体験にいたるまで、私たちの調査が広く「体験」として設定した具体的な活動のほぼすべてにわたり、「親の収入」と「子どもの参加率」との間に明白な関係が見られたことだ。

もちろん、個々の家庭を見れば、世帯年収が高いのに子どもの「体験」がない家庭や、その逆という家庭もあるだろう。だが、大きな傾向として、「お金」が「体験」と紐づいていることは否定しようがない。

さらに、こうした経済的な側面の検討に加えて、第一部の後半、「地域」や「親」の視点から体験格差を考えたパートでは、そもそも子どもや親が様々な「体験」をしたい（させたい）と思っているかどうかについても、調査結果をもとに考察した。

さて、ここで思い出してほしいのが、世帯年収300万円未満の家庭では、子どもの「体験ゼロ」の割合がほぼ3割（29・9％）だったということだ。念のために「体験ゼロ」の定義を再述すると、調査の前年に例えばたった一度でもお祭りに行ってさえすれば、「体験ゼロ」ではないということになる。

このように狭く定義したうえでもなお、低所得家庭においては、「体験ゼロ」の子どもたちが全体の3割を占める（世帯年収600万円以上では1割強）。逆に言えば、たとえ低所得家庭であっても、子どもがいずれか一つ以上の「体験」に参加している割合は7割ということになる。

後者の状況にある親たちは、基本的に何らかの**「無理をする」**ことで、子どもに「体験」の機会を提供していると言ってよい。「相対的貧困」かそれに近い状況にある家庭では、月に数千円、あるいは数百円の出費であっても検討を要する。ほかの大切な出費ともバッティングしてくる。

もちろん、そこでの「無理」の度合いや形はそれぞれの家庭によって様々だろう（大人の食費を削る、無料で参加できる「体験」の場を懸命に探す、など）。だが、様々な制約がある中で、子どもに豊かな「体験」を何とか与えているという意味では、概ね共通すると言えるのではないか。世帯年収300万円未満の7割ということで、この状況にある家庭が最も多い。

次に、「体験ゼロ」である残り3割の家庭の状況について考えてみよう。その中には体験を**「あきらめる」**ことを選んだために「体験ゼロ」になっている家庭と、そもそも**「求めない」**ことの帰結として「体験ゼロ」になっている家庭とがある。調査の中では、「子ども

図1 体験格差の3つの姿（世帯年収300万円未満の家庭の状況）

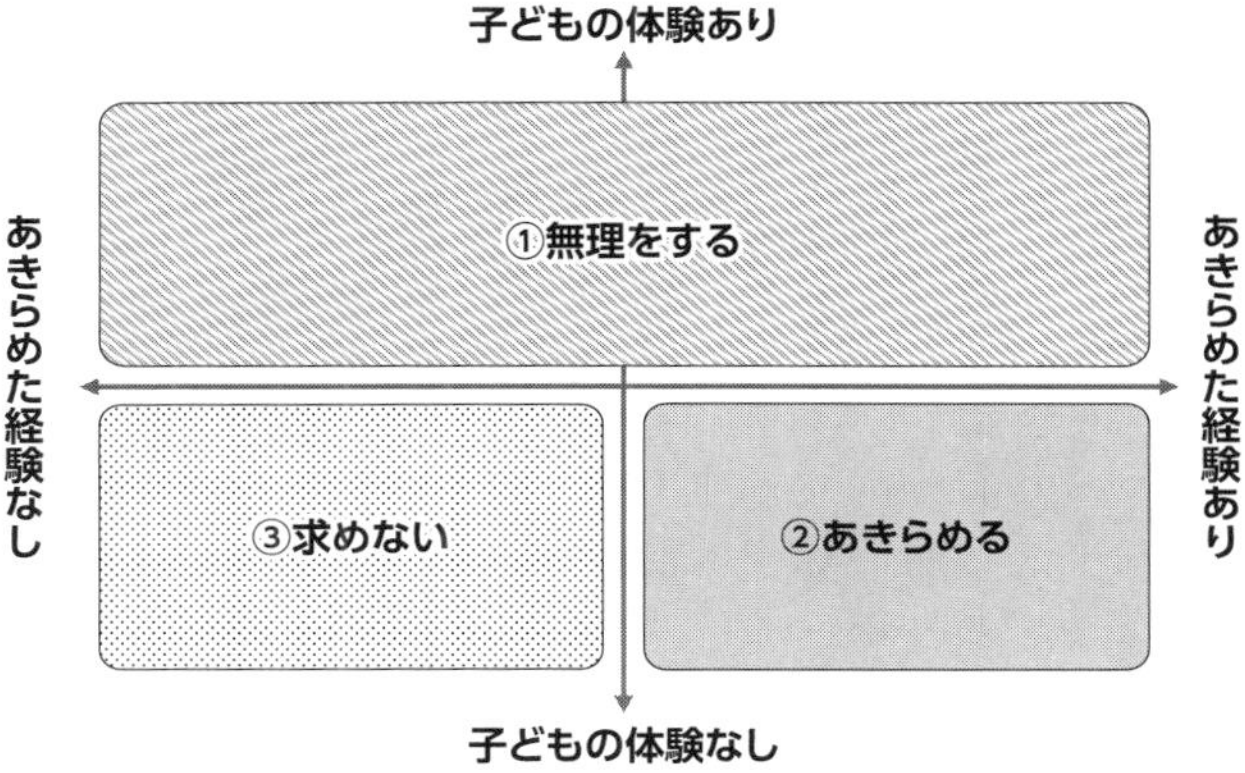

がやってみたいと思う体験をあきらめさせた経験」の有無にこの区別が対応しており、「あきらめる」家庭が約1割、「求めない」家庭が約2割となっている。これらをまとめると、図1のようになる。

「現在地」の先へ

ここまでの議論をまとめると、世帯年収300万円未満の家庭のうち、子どもの「体験」のために「無理をする」家庭が約7割、「あきらめる」家庭が約1割、「求めない」家庭が約2割ということになる。

あくまで極めて大雑把な見取り図だが、少なくとも「体験格差」という課題自体への認識がまだ十分な広がりを持っていない今の日本社会においては、議論の一歩目を踏み出すための土台にはなり得るかもしれない。そもそも私たちが民間の非営利団体の立場から今回の全国調査を企画したのも、こうした見取り図自体が不在だったからだ。

もちろん、これら3つの状況の間にある境界線が、極めて曖昧で揺らぎを含んだものであることには注意が必要だ。7割、1割、2割という数字を必要以上に固定的に捉えるべきではない。

例えば、「無理をする」状態から無理が利かなくなり、「あきらめる」状態へと移行する状況は容易に想像できる（逆もまた然り）。また、保護者や子どもに対する第三者からの働きかけや何らかの新たな刺激（友達の影響など）によって、「求めない」状態から「無理をする」状態へと移行する場合も十分あり得るだろう。

いずれにせよ、そもそも個々の家庭が無理をしなければ子どもに「体験」の機会を提供できない状況自体をどう捉えるのかだ。

社会からの適切なサポートが必要なのは「あきらめる」家庭と「求めない」家庭の子どもたちだけではない。「体験」のために「無理をする」家庭では、おそらくほかのところに経済的な皺寄せが来ているはずだ。世帯年収300万円という境界線も絶対的なものではまったくなく、その少し上で苦しい生活をしている人々の存在を見過ごしてはならない。

本書の最初に提示した問いを繰り返すなら、子どもにとって「体験」は「必需品」なのか、それとも「贅沢品」なのか。もしも「必需品」だと捉え直すとすれば、日本社会には今の状況からどんな変化が必要なのか。何をしなければいけないのか。

体験格差をめぐる日本社会の「現在地」を知り、私たちがこの課題を無視せずに、向き合っていくこと。今回の調査が、その出発点になればと思っている。

第二部　それぞれの体験格差

第一部では、2000人超の保護者から回答を得た体験格差についての全国調査の結果を報告した。

続く第二部では、読者に「体験格差」を生きる一人ひとりの状況をより深く知ってもらえるよう、小学生の子どもをもつ9人の保護者たちから、子どもの「体験」について、そして自らの生活や仕事について、対面でじっくり伺ったお話を紹介していきたい。

各地で暮らす一人ひとりのお話から、調査結果の数字からは見えてきづらい具体的な現実のあり方を想像してみてほしい。なお、インタビュイーのプライバシーに配慮して名前は仮名とし、一部の情報に加工を施している。

本書の冒頭で、ある日突然「サッカーがしたいです」と息子に泣きながら言われた母親のことを書いた。覚えているだろうか。彼女との会話から、この第二部を始めていきたい。

それぞれの家庭にそれぞれの「体験」があり、その欠如があり、その欠如を埋め合わせようとする工夫と努力とがある。

事例1：サッカーがしたいです　高山裕美《たかやまゆみ》さん　長男（小学生）

高山裕美さんは小学生の息子を一人で育てている。二人暮らしだ。子どもが小さい頃、毎日の生活がとても苦しくて、とある支援団体に電話をかけた。そこから数年が経った。

――電話をかけた頃のことを教えていただけますか。

自分の時間がなくて、孤独で、生きているけど生きていないような、そんな感覚でした。仕事はしていたけど臨時で、非正規で、半年ごとの契約でした。いつ切られるかわかりません。今でも変わらず仕事は不安定です。

人に頼れない性格だと思います。でも誰かとのつながりがほしくて、その団体に電話をしました。「今までよくがんばったね」という話をしてくれて、それからダンボールにいっぱいの食材が届いてびっくりしました。寄り添ってくれる存在がほしいと、そう思っていました。

妊娠の相手からは暴力を受けていて、相手の親は「おろせ」の一点張りでした。切迫早産で入院しました。死んでもおかしくなかった。裏切られた感覚がありました。そのときのこともあって、今でも人を信頼できません。

親馬鹿かもしれないですが、子育てはしやすいです。とても優しくて、とてもいい子です。ただ、ずっと二人だけでいるのがつらかったんだと思います。いつ一人になれるのか。保育園には0歳の頃から通っています。

時々両親が私のことを気にかけて息子を預かってくれることがあるんです。でも、たくさんやりたいことがあったはずなのに、いざそうなってみると何をすればいいかわからなくて、子どものことを考えたり家事をしたりしていたら、いつの間にか一日が終わっています。

——お仕事について聞いてもいいですか。

今も臨時の仕事をしています。子どもの参観日などに休みを取るのは権利だと思っていますが、「臨時だしお利口にしなきゃ」と思う気持ちもあります。来年同じ仕事があるかはわからないですから。仕事場ではプライベートなことは話さないし相談もしません。

行政からの手当は児童手当だけです。収入が水準をギリギリ上回っているので、児童扶養手当は受けていません。でも余裕があるわけじゃないんです。コロナのときの支援も受けられないものが多かった。「こっちは必死に働いているのになんで？」と思う気持ちがあります。

——小学生のお子さんは何かスポーツや体験活動などをされていますか。

小学校の放課後のクラブ活動に参加しています。月謝はなくて、少額の保険料だけです。キャンプは昔からずっと「したいね」と二人で話していました。でも、時間もお金もなくて、今でもキャンプはできていません。最初に道具を揃えないといけないのも難しいですよね。

保育園の頃にも色々やりたいと言っていましたが、なかなかさせてあげられませんでした。ピアノ、そろばんとか。

今はサッカーに興味があります。学童の外遊びの時間に先生とか友達と一緒にボールを蹴るのが楽しかったみたいで。まだ私には言っていなかった頃から、私の両親には「サッカーがしたい」と言っていたのを後から知りました。

家で二人でいたときだったんですけど、息子が突然正座になって、泣きながら「サッカーがしたいです」と言ったんです。私は前から「やりたいことはやっていいよ」と言っていたんですが、遠慮していたのかもしれません。二人で泣きながら話をしました。

――サッカーのチームには入れそうですか。

息子の友達が入っているクラブチームの体験に一度行きました。週1回で3000円くらいです。もちろん厳しいですが、お金はがんばれば何とか……。

ただ、少し離れたグラウンドへの送迎のほうがキツいかもしれません。まだ仕事が終わっていない夕方の時間帯に練習が始まるので、自分が送っていくのは無理です。もし私が毎週その曜日に早退するとなったら、来年の仕事がなくなるかもしれない。

これまで息子に対して色々とずっとさせてあげられずにきたことが心の中にあるので、サッカーはさせてあげたいと思っています。でも、もし彼がそのチームに入るなら、送迎は両親の協力が得られなければ難しいと思います。

子どもは親の苦しみを想像する

シングルマザーの高山さんは、ひとり親家庭の多くが受給している児童扶養手当等の支援を受けられていない。非正規雇用だがフルタイム勤務ではあり、収入が基準を若干上回っているからだ。

「来年同じ仕事があるかはわからない」という不安定さに、公的手当の定期的な振り込みがないことがさらに拍車をかける。行政が定めた基準のこちら側が「低所得家庭」で、あちら側はそうではない、そう言えるほど単純な話ではないということが、よくわかるだろう。

のちに多子世帯の事例も取り上げるが、例えば「年収400万円」という数字だけを見れば「平均的」に見えても、その数字を「両親プラス子ども5人」の生活に置き換えた途端、見える景色が一気に変わってくる。

高山さんのように不安定な条件で働き、生活している保護者たちの中には、複数の仕事を掛け持ちしている場合も少なくない。現在の収入が将来も続くという確信が持てない場合、新たに支出を増やすことには躊躇が伴うだろう。習い事の月謝のような定期的な出費であればなおさらだ。

逆に、仮に一時的にサッカーなどの「体験」の機会を子どもに与えることができたとしても、突然それをやめさせなければいけない状況がいつ訪れるかもわからない。仕事が打ち切られるリスクはもちろんのこと、例えば自分の親の介護が必要になるような場合もあるかもしれない。一時的に保たれていたバランスを崩す出来事が起きたとき、高山さんのような家庭には、その困難をなんとか乗り越えるための経済的、時間的、精神的な余裕が乏しい。

こうした状況下にある保護者たちの葛藤は、他人である遠くの大人たち以上に、日常を共有する近くの子どもたちによって理解されている。子どもたちは、自分の親が抱えている生活面の厳しさや、「自分のために無理をしている」状況を感じ取り、そこにある苦しみを想像している。

そして、何かやりたいことを見つけたとしても、親に対してその気持ちを言葉にすることにハードルを感じている。小学生の男の子が、正座になって泣きながら「サッカーがしたいです」と言うにいたるまでに、いったいどれほどの逡巡や葛藤があっただろうか。

私たちが理解すべき、そしてそのために想像すべき「体験格差」の具体的な姿の一つが、この二人家族の小さな家の中に、あるのではないか。

このあと、8人の保護者の方たちとの会話を順に紹介する。それぞれに固有の事情がありつつ、広く共通するようなお話も数多くあった。大きく3つのパートに分けている。

1. ひとり親家庭の子ども（小西尚子さん、藤原真理さん、池崎愛子さん）
2. 私が子どもだった頃（菊池彩さん、長谷川陽菜さん）
3. マイノリティの子ども（鎌田かおりさん、村上菜月さん、ウォルデ舞さん）

ただし、それぞれのお話は、パートの題名になっている言葉だけで汲み尽くせるものではない。これらはあくまで便宜的なパート分けであるとの前提で、それぞれの具体性にできるだけ耳を澄ませてみてほしい。インタビューを通じて私が感じたこと、複数の方のお話の間にある共通点や違いなどについても、適宜記した。

第二部の最後では、一人の「子どもの声」も紹介する。保護者の目線ではなく、子ども自身がどう「体験格差」を感じているかを理解するためだ。現在小学生の子どもに深く話を聞くことは難しいため、かつて子どもだったある若者に、子ども時代の記憶を振り返っていただいた。

1. ひとり親家庭の子ども

ひとり親家庭の多くは、厳しい経済的な制約の中で暮らしている。その大半は仕事をしており、それに加えて子どもの生活の面倒を見たり、勉強の世話をしたりもしている。家庭の中に大人が一人しかいないことは、時間的にも、精神的にも大きな制約となる。十分な社会的サポートがない中で、子どもたちの「体験」にとっても、その影響は大きい。

小西尚子さん、藤原真理さん、池崎愛子さんから伺ったお話を、順に読んでみてほしい。

事例2:体験は後回しに　小西尚子《こにしなおこ》さん　長女(小学生)・長男(小学生)

小西尚子さんは1年契約の不安定な仕事で働きながら二人の子どもを育てている。普段は旅行に行くのも難しいが、今年の夏は他県に住む姉夫婦の家まで家族で泊まりに行った。

――お子さんたちと動物園や、海、旅行などに行かれることはありますか。

動物園は年に1回、無料の日があるので、その日に行ったりします。

旅行は行けていないですね。ただ、私の姉が他県に住んでるんですけど、今年の夏は私の両親がレンタカーを借りてくれて、子どもたちと一緒に乗せてもらって行きました。親は一泊で帰って、私たちはもう一泊したので、自分では帰りの電車代だけ払いました。

――お姉さんの家ではどんなことをしましたか。

庭でプールをしたり、スイカ割りをしたり。近くに、子どもたちが一日中遊べるような大きな公園があるので、そこにも行きました。姉の子どもと一緒に行って、みんなすごく楽しそうでしたね。

あとは、姉の家でゲームをやらせてもらって。自分の家にはゲームがないので。

――ゲームですか。

(Nintendo) Switchです。子どもたちは「Switchがほしい」とずっと言っていて。学校の友達は大体持ってるんです。一人1台ですね。小学校に上がるときに買ってあげる家が多いみたいです。

この前、息子の友達が家に遊びに来たんですけど、「Switch持ってる?」って聞かれて、息子が「持ってないよ」って言ったら、「なんで? お金ないの?」って言われたんです。もう、びっくりしました。

うちはYouTubeも見せていないんですけど、ゲームを持ってないとか、そういうことで子どもが孤立してしまうというのを最近本で読みました。話題にも追いつけないし、「あいつはゲーム持ってない」みたいに言われたり、ゲームでみんなで遊ぶときに呼ばれないとか。

確かにそれはあるなと思って、かわいそうだなと思いましたね。

――みんなが持っているものを自分だけが持っていないという。

私の姉が遠くに住んでいるので、自分の子どもとの普段の様子を動画で撮って、それを両親がタブレットで見れるようになっているんですね。両親は私の家の近くに住んでいるので、私の子どもたちも一緒に見せてもらったんですけど、プールのウォータースライダーで遊んでいるのを見て、「ずるい」って言ったんですよ。自分より年下のいとこがそういう経験をしているのを目の当たりにして。それを聞いた私の父が、「ウォータースライダーに行こう」って言って、連れていってくれました。

――子どもたちも比べてしまいますよね。小西さんが子どもだった頃は、ご両親が色々なところに連れていってくれるような感じでしたか。

私の父はすごい貧乏だったときも、年に1回、夏はキャンプ、冬はスキーとか温泉とかに連れてってくれましたね。そういうのは大事にしていて。なので、孫にもさせてあげたい。私もすごい楽しかったという記憶があります。昔の写真も残っています。

ただ、自分が子どもたちにしてあげるとなると、お金的にも、体力的にも、時間的にも、難しいですね。

――小西さんのご両親は近くに住んでいるんですね。

そうですね。子どもたちが遊びに行くこともあります。いつも家に3人でいるので、逃げ場というか、別の居場所も子どもにとっては必要かなと思います。でも、子どもたちには「あまり頻繁には行かないでね」って言ったりします。両親も疲れてしまうので。

――お仕事について聞いてもいいですか。

はい。離婚をしたあと、仕事を変えました。週4のパートで働いていたのを、正社員の事務に。週5の仕事で、週6のときもありました。そのときは結構しんどかったですね。収入は手取りで月約8万円から月約15万円まで増えました。ただ、最初からすごいパワハラを受けてしまってきつかったです。でも、仕事を辞めると子どもたちを保育園に預けられなくなってしまうので、しばらくがんばりました。

そのあとに就いたのが今の公務員系の仕事で、有期雇用契約のパートです。毎日朝から夕方まで、土日祝日は休みです。自分が倒れちゃうと何もかもうまく回らなくなるので、絶対にパワハラがなくて、子どもの行事や体調不良時になるべく迷惑をかけずに休める仕事がいいなと思って選びました。手取りで15万円ぐらいで、ボーナスもあります。

ただ、1年契約なので、そこが不安です。職場の人数もどんどん減ってきています。毎年、既存のメンバーと外から応募してきた人が一緒に集団面接を受けるんです。そこで受からないと次の年は続けられません。

――面接も過酷ですし、契約も短期で不安定ですね。来年どうなるかもわからない。物価も上がっていますよね。

すごく高いですよね。例えば今日は牛乳がこんなに高いんだ、じゃあ買うのやめようって、買えるものがすごい少ない日もありますね。そういうことが続くと家に食べ物がなくなってしまって。

フードバンクみたいなものもたまに利用しています。子どもたちと一緒に行くんですけど、「友達に言ってもわからないから言わないようにね」って言ったりして。

ただ、今の仕事になって忙しくなってからは、毎日をこなすことが精一杯で、節約とかもあんまり考えられなくなってしまって。これはこっちの安いお店に買いに行ってとか、そういう体力がもう残っていなくて。少しは稼いでいるから、ちょっと高いなと思いつつ買ったりすることもあります。

仕事からの帰りで運転しているときに、道が混んでいるとイライラしてくるんです。子どもたちがおなか空いてるだろうなとかって考えて。早く帰らないとって。

――仕事の収入以外に行政からの手当などは受けていますか。

児童扶養手当があります。前は全部支給だったんですけど、今の仕事になってから一部支給になりました。

あとは児童手当で、「児童手当は全部進学のために貯金したほうがいい」と本で読んだので、貯金に回しています。本の情報ばっかりで……。ほかの家がどんな感じかわからないんですけど、ほかの家と同じくらいは貯めたいです。多分無理だけど……。

——そういった情報についてやりとりできる人は周りにいますか。親御さん同士でのやりとりなどがあるでしょうか。

そういう人は一人もいないんです。相手がどんな状況かわからないので、色々と聞いたら傷つけたり、つらい思いをさせたりとかもあるかなって思うと、あまり踏み込めなくて。だから、一番知りたいことは聞けないです。友達はほしいんですけど。でも……。

お金のことを勉強できる機会があったらいいなと思います。漠然と不安だけが募っている感じなので。高校に入学するときに私立ならいくら必要、県立ならいくら必要というリアルな数字が知りたいです。どこを目指せばいいのかわからないまま、ずっと走り続けてる感じなんです。

子どもたちが進学するときにお金のせいで我慢するんじゃなくて、自分が行きたい学校に行けるようにって。その邪魔になりたくないので。県立に行ってもらえたらと思ってはいるんですけど……。

――事前に想定していたよりもっとお金がかかってしまうことへの不安でしょうか。

いや、もうちょっと少なくて済むんじゃないかなという気持ちもあって。こんなに必死になってやらなくていいのかどうなのかがわからないんです。

こんなにキツキツにしなくていいのか、それともこれくらいはがんばらないといけないのか。それがわからないのにがんばるっていうのがしんどいですね。もし今節約しすぎていて、それで子どもにも迷惑がかかっているとしたら改善したいです。

有期雇用で不安定ですし、養育費も最近振り込まれなくなってしまったので、お金は貯めれるだけ貯めようみたいな感じになっています。

――子どもたちにさせてあげられていないなと感じることはありますか。

上の子は「こどもちゃれんじをやりたいな」と言っていました。まだ離婚する前に一度やっていたことがあって、それでもう一回やりたいって。でも、払うのが大変ということもあるし、続くかもわからないからと言って、ちょっとやめておこうと。

今は私と一緒に勉強しようと言って、本人も納得してくれてる感じです。でも、相手のことを考える優しい子なので、私を困らせないようにと思って言っていないだけかもしれませんね。本当はいろんな思いがあっても。

学年が上がって、だんだん問題が難しくなってきて、算数でも漢字でも、テストでうっかりミスが出たり、授業だけではまったくわからないことも増えてきているんですね。今はまだ小学生なので、私が自分で教えられる範囲ではあるかなと思って、仕事の昼休憩の時間に本を読んで、勉強の教え方を学んだりしています。

弟は「バスケがやりたい」と言ってましたね。クラスで仲のいい子がバスケをやっていて。あと「スラムダンク」を見てかっこいい、やりたいって。

バスケのクラブは週に2回、平日の夜に学校の体育館でやっているみたいなんですね。体力が余ってる感じもするので、やらせてあげたいんですけど、経済的な理由と、時間的な問題でできていなくて。

――お金以外の理由もあるんですね。

4時半に仕事が終わって、スーパーで買い物をしたりして、5時半ぐらいに家に帰ってきて、急いでご飯をつくって食べさせて、練習に連れていって、2時間ぐらいしたらまた迎えに行って、お風呂に入れて……、とやっていると、ちょっと私の体がもたないなと思っています。

親が二人いたら、色々と手分けできるんですけど、一人だとそれができない。全部自分でしなきゃいけないので。

だから、下の子はウズウズしていると思うんですけど、「バスケはちょっと待って」と言っています。もうちょっと大きくなって、次の日の学校の準備とか、自分のことがしっかりできるようになってから、それでもやりたいと言ったらやらせてあげようと思って。お店で売ってたバスケの小さいゴールを買って、家の壁に取り付けてあげました。今は毎日それで遊んでいます。

——職場から帰ってきても、家でもずっと別の仕事が続きますよね。学校が終わった後、小西さんが家に帰ってくるまでの間は、子どもたちはどうされていますか。

学校が終わったらそのままほかの子たちと学童に行っています。でも、上の子は今年から定員オーバーで学童に入れなかったんです。同じ家庭の子どもでも、大きい子のほうが保育が必要な度合いが低いということで点数が低くて。だから、家で待っている感じです。

——お金の優先順位として、子どもの体験にかかるお金と、子どもの勉強や進学にかかるお金とを比べるとどうでしょうか。

やっぱり勉強にかけたほうがいいなと思います。体験のほうは、無料で参加できるイベントに応募している感じです。色々なことを体験するって、子どもの成長にとってはすごく大事なことですよね。でも、今はそれが後回しになってしまっているかもしれません。

事例3：最低賃金で働く　藤原真理《ふじわらまり》さん　長男（小学生）

過疎地域出身の藤原真理さんは未婚で長男を出産し、実家で両親と同居しながら子育てをしてきた。長男が小学校に上がる頃、公営住宅への応募が当選したことを機に都会へと引っ越した。

――都会の公営住宅に応募しようと思った理由を聞いてもいいですか。

先のことを考えたときに、このまま地元にいるよりは出たほうがいいのかなって。仕事もあんまりないですし、時給もすごく安くて。先が見えなかったです。公営住宅には2年ぐらい応募し続けて決まったので、そこで引っ越しをしようと思いました。

――それまではずっと地元で暮らされてきたんですね。出産も地元でされたんですか。

そうですね。その頃はコンビニで接客の仕事を長く続けていて、出産の2週間前まで働きました。産後に一度辞めたんですけど、早朝に人が足りなかったみたいで、「ちょっと戻ってこない？」と言われて、土日の早朝に3時間だけならということで戻りました。実家に住んでいたので、母親にその時間帯だけ子どもを預けられるようにお願いして。

でも、やっぱり半年もたなかったな。うちは、父親が寝たきりで、母親が在宅で介護をしてるんです。24時間必要で。その中で私の子どもを置いて仕事に行くっていうのがしんどいかなと思って、コンビニの仕事はそこで辞めました。実家暮らしだったのでそこまでお金に困るという感じではなかったんですけど、貯金が少しずつ減っていく感じでしたね。

――子育てに専念される形になったわけですね。

地元の土地柄もあるんですけど、こっちの都会みたいにみんなが保育園とか幼稚園に行かすという選択肢があるわけではなくて。幼稚園もない集落でした。近くに学校はあるんですけど、小さい子にとっての場所ってほとんどないんですよね。公園もなくて。だから、自分でコミュニティ会館みたいなところに連れていったりしていました。そこは自分と同年代の人があんまりいなくて、「あれ、一人なの？」とか、自分が聞かれたくないことも聞かれずに済むというか、ただそこで子どもを遊ばせることができるような場所で。

――都会に出てこられて、再び働き始めたという形でしょうか。お子さんは小学校に。

働き始めたのは去年です。それまでは私の祖母が自分の蓄えを初めてのひ孫にということで援助してくれて。とてもありがたかったです。ただ、働かないとその貯金も減っていくばかりで。そういう追い詰められた感じになって、働くまでの踏ん切りをつけて。そこから始めて1年やってきたので、今は働くことへの抵抗もないし、この1年は大きかったです。

――一人で子育てをされながら仕事を再開することの大変さもあったと思います。預金も尽きてくる中で、生活保護の利用を考えたことはありましたか。

生活保護は一度も考えたことはないです。そこに頼るのはちょっと抵抗がありました。何かほかに手段があるんじゃないかと思って、ギリギリで生活していました。自分を追い込んで、もう働くしかないという。

――去年始められたお仕事について聞かせてください。

スーパーで品出しとか案内の仕事をしています。週3回、朝から夕方頃まで。時給は最低賃金ですね。1年働いてもまったく上がっていません。

私は品出しみたいな淡々と作業するような仕事が向いていると思っていて、この仕事も好きなのでなんとか続けられているんですけど、周りの人はどんどん辞めていきます。「ブラックだね」みたいなこともよく言われます。

いつもギリギリの人数でやっている感じなので、休みづらいです。一応シフト制なんですけど、ほぼ固定です。調整も難しくて。子どもに何かあったときにもスッと休めない。

私が抜けちゃうとほかの人に迷惑がかかるし、自分が休んだ穴を埋める人からのプレッシャーをすごく感じます。それくらい人が足りてない。みんなでイライラして、というのをすごく感じます。

――職場は女性が多いですか。

店長と副店長は男性で、現場はほぼ女性です。長く働いてる現場の人もいるんですけど、私が休んだ後に「あのとき大変だったんだよね」みたいに言われたりもします。「ですよね、すみません」みたいな。

自分もちょっとネガティブな性格なので、そういうふうに言われちゃうと……。子どもは体もあまり強いほうではなくて、学校も休みがちなんですけど、「風邪はひかないで」、「ひくなら週末ね」と言うぐらいで。ロボットじゃないので無理なんですけどね。だから、平日にちょっと咳とかすると怖いなって。

――現在の仕事を週3回にしている理由とも関わりますか。

私の体の限度もあります。今のお店で働いていると週3回だけでヘトヘトになるんです、本当に。重いものを運んだりしますし、そもそもの仕事量もすごくて。どんどん品出しをしないと店内がスカスカになっちゃうので。家に帰るといつもクタクタで、「あれもできなかった、これもできなかった」みたいなことばかりを考えている1年でした。

私が職場を変えたらもっと家でニコニコできるんじゃないかなと思います。働き始めたことで収入面は前より安定してきたかなとは思いつつ、やっぱり仕事のイライラをおうちに持って帰ってしまうんですよね。「今日、仕事でこうだったんだよね」みたいな愚痴を子どもに言ったりとか。そういうのはなくしたいなと思います。

――毎月の収入と出費はどのようになっていますか。

仕事の給料が多くて7万円ぐらいですかね。それと、児童扶養手当とか子ども関連の手当があるんですが、毎月振り込まれるわけではなくて、ゼロの月が年に何回かあるんですよね。その月は給料でやるしかないです。手当が入る月に国民健康保険とかをまとめて払ったりしています。今年の夏休みは本当に暑くて、エアコンを使わざるを得ないというのが本当に大変でした。光熱費が高くなっていて。

出費は毎月10万円いかないくらいです。食費、光熱費、あとWi-Fiですね。学校でタブレットが支給されるんですけど、Wi-Fiが使えないとダメなので。公営住宅で家賃の減免申請をしているので、家賃は1万円ぐらいです。団地の周りだと5万円ぐらいはすると思うので、今の家賃はとても助かっています。

――お子さんは今どんなことに関心を持たれていそうですか。

社会科がすごく好きなんです。ほかの科目は全部普通なんですけど、社会だけずば抜けて成績が良くて。YouTubeで色々な国のことを紹介するアニメみたいなのをたくさん見ています。

去年、カタールでサッカーのワールドカップがあったじゃないですか。それを見て、色んな国のユニフォームを覚えたりもしていましたね。

――サッカーは自分でするのも好きですか。

するのも好きです。でも、サッカーを習いたいかどうかという話をしたときに、「習い事をするのはちょっと無理なんじゃない？」みたいなことをポロッと言っていて、うちの経済的なことを考えてるのかなと思いました。「うちは高校は行けたとしても大学は無理だろうね」と言われたこともあって、ショックでした。そんなことを考えてるんだなと思って、悲しくなりました。

団地に住んでるのをすごく気にしてるみたいです。近くに大きいタワーマンションができたりして、そこに引っ越してきた同じクラスの子たちとはやっぱり違うよね、みたいな。中学受験する子もいるので、自分のうちとは違うと感じているのかもしれません。

事例4：自転車も買えない　池崎愛子《いけざきあいこ》さん　長男（小学生）・次男（小学生）

池崎愛子さんはデイケアで看護師として働いている。二人の子どもがまだ4歳と2歳だった頃、夫の暴力や夜遊びなどが原因で離婚を経験した。

――離婚をされたことで、経済的な面での変化はありましたか。

夫がいた頃も給料は入れてくれていませんでした。光熱費だけは口座振替で落ちていたんですが、貯蓄をするのは難しかったです。

――離婚以前から収入としては母子家庭に近い状態で。

そうですね。夫とは次男を妊娠している頃から仲が悪くなり、出産後しばらくしてからは家庭内別居のような感じになりました。

彼は食事だけして別の部屋にこもっていました。それで、夜は週4ぐらい遊びに行って、夜中の2時とか3時に帰ってくるという。その回数があまりに多いので改めてほしいという話をしたら喧嘩になって。子どもと家を出て、数日後に戻ったら別の女性がいました。

子どもの目の前で自分を蹴るとかもありました。次男はそのことを覚えていて、今でも時々その話をするんです。まだ次男が赤ちゃんだった頃に、泣いている次男を夫がソファーの上にボンと落とす、みたいなこともありました。

――暴力や虐待も受けていたんですね。

私は看護師をしているのですが、看護師は「夜勤してなんぼ」というのがあります。次男の出産後は子育てや保育園の送迎のため日勤の仕事に就いたので、給料が下がりました。以前は30万円近いときもありましたが、今は手取りで19万円ぐらいです。日曜祝日も働けなくなりましたから。

給料のほかには就学援助を受けていて、あとは児童手当と児童扶養手当ですね。学童の費用も二人で月８０００円くらいまで抑えてもらっています。

養育費はもらえていません。彼が出て行ってすぐの頃は、子どもの誕生日のプレゼントがポストに入っていたり、「来週子どもを動物園に連れていくから」という連絡がいきなり来たりすることもありました。でも、その1、2年後からはまったく音信不通の状態です。

――お子さんたちはお金のかかる習い事などに参加したことがありますか。

ないですね。お金もそうですし、送迎も難しくて。車は元の夫が持っていってしまいました。私が子ども二人を自転車の前と後ろに乗せて行けるところだけ。あとはバスとか電車で遊びに連れていったり。

夜6時頃、学校で地区の夏祭りがあったときに、仕事が遅くなって一緒に行ってあげられませんでした。子どもたちそれぞれに５００円ずつ渡したんですけど、二人ともめだか釣りを1回やっただけでなくなってしまったみたいで。今はそういうのも高いんですね。あとはほかの子が色々やっているのを見ていたって。

長男が学童で将棋を習って好きになったんです。そしたら、ファミリーサポートの方が「公民館で年間５００円だけ払ったら将棋ができますよ」と教えてくれて。それで、今は3人で月に2回、バスで20分くらいの場所にある公民館まで行っています。日曜日の午前中です。地域のおじいちゃんが子どもたちに将棋を教えてくれています。

私がなかなか勉強を教えられないので、タブレットでできる通信教育みたいなものには入りました。仕事から帰って、急いでご飯をだーっとつくって、子どもに食べさせて、お風呂に入れて、寝かせてっていう、そういう毎日で。

離婚をして、子どもたちに申し訳ない気持ちがずっとありました。通信教育は月に4000円くらいです。普段の生活を切り詰めながら、ちょっと奮発して払っています。ただ、二人分は経済的にキツいので、長男だけになってしまっています。

——勉強のほうはどうですか。

二人とも国語が得意ではなくて。特に下の子がもう2年生なのにまだカタカナもよくわからないんです。漢字はもう全然で。学校の先生にも相談したんですけど、障害があるのかもしれません。それぐらい書いたり読んだりというのが苦手です。

「普通の親」だったら、勉強をずっと見てあげたりとか、どこかに通わせたりとかができるかもしれないですが、なかなかできなくて。

——子どもたちから「こんなことをやってみたい」と言われたことはありますか。

我慢してるのかなと思います。学校からサッカーとか野球のチームのチラシが配られるんですけど、「やりたい?」と聞くと、「いいよ、やりたくない」って言うんです。「テレビで見るのが好きだから」って。チラシに料金も書いてあるので、それが理由かなと思ったり。

二人とも勉強は苦手だけど、体を動かすことは好きなので、スポーツをやったらきっといいんだろうなと思います。クラスでやっている子もいるみたいです。

イオンに行くとキャンプのテントが売っていて、すごくやりたいのがわかるんです。わーってテンションが上がって、テントの中に入ったりして。でも「キャンプに行きたい」とは言わないです。買い物に行っても、「これ高いね、こっちがいいね」とか言ったり。何かほしいものがあったとしても、まず母親がどう思うかなというのを先に考えて、その範囲で言ってくるようなところがあります。子どもらしくないというか。

――キャンプに行ったり遠出したりという経験はほとんどないですか。

ないですね。旅行もまったく行っていないです。長男が学校の行事で山の学校に行ったぐらいです。

元々私は他県の出身なんですけど、両親は結婚前に他界しているので、息子たちにとっては「田舎に行く」という機会もなくて。田舎暮らしとか、キャンプとか、そういう体験をさせてあげられていません。

お友達に頼んで行けたりすればいいんですけど、必死で仕事をしているとママ友をつくる余裕もなかったり……。
キャンプ場とか、父親を交えて家族で何かするような場所を避けている部分もあります。離婚の前に乗っていたのと同じ色の車を見ると、子どもたちが「あ、パパの車だ！」って言って手を振ったこともありました。

――池崎さんご自身は子ども時代に何か習い事などされていましたか。

小学校低学年までピアノをちょっとだけ。あとは4年生ぐらいから塾に。両親は共働きで商店をしていて、時間的な余裕がなかったです。学校のあとに近所の親切なおじいちゃんおばあちゃんのところに行って、晩御飯を食べさせてもらったり。
私の両親は仕事が忙しく学校の行事に来れなくて寂しい思いもしたので、私は運動会とか参観日には必ず参加しています。それで仕事がやりにくくなったり、限られたりもするんですけどね。

――最近は食費や光熱費も上がっていますね。

色々切り詰めようと思っても、なかなか難しいですね。ちょっと暑いぐらいだったら扇風機だけで、窓を開けて。エアコンはつけないで。
スーパーでも割引のシールが貼ってあるものを探して買っています。二人とも果物が好きなんですけど、見切り品のバナナが50円とかで売ってたら買ったりします。高かったら今日はあきらめようって。

普通のレストランとかでは食べることがないですね。子どもたちはファストフードが好きなので、たまに買うぐらいです。ハンバーガーとポテトとジュースのセットを一人分買って、単品のハンバーガーをもう一つ買って。ジュースとポテトは二人で半分ずつ。私まで食べると1000円を超えてしまうので我慢します。

――もし少しお金に余裕ができたら何に使いたいですか。

前は誕生日のプレゼントで百均のおもちゃとかを買っていたんですけど、長男は自転車がほしいみたいで。でも高いですよね。もう3年も待たせています。

体もどんどん大きくなってきているので、服とか靴も。服は支援などでいただけることもあるんですけど、靴はなかなか難しくて。

――貯金をされたりもしていますか。

ちょっとずつですね。今は自分しかいないので、「もし自分が倒れたら」というのは常に不安に思っています。すごく怖いです。

二人がどんどん大きくなっていったら教育費もかかるだろうし、お金がないから行きたい学校を我慢するというのは絶対にさせたくないので。

年齢的な不安もあります。「いつまで働けるのかな」と思ったり。下の子が成人する前に私が定年を迎えてしまうので、そこからまた収入が落ちたらどうすればいいのかなって。

――出費の中では家賃が一番大きいでしょうか。

そうですね。実は持ち家なんです。主人と結婚したあとに「マンションを買わないと離婚する」みたいに言われて、そのとき私が持っていた全財産を注ぎ込んで買ったんです。保険も全部解約して、私の親が残したお金も全部使って。

マンションが売れたらいいんですけど、音信不通の彼と共同の名義になっているので、手続きができていません。本当は市営住宅とかに移りたいんです。それで食費とかにもう少し回せるようになるといいんですけど、それが今はできない状態なのもきついですね。

家だけが良くて、でも実際の中身は全然整っていない。子どもに自転車も買ってやれない。なんでこんなことになったのかな、って思ったり。すごくしんどいなって。すみません、泣いてしまって……。

貧困と孤立の中を生きる親子

ひとり親家庭においては、貧困の問題を避けて通ることはできない。小西さんや藤原さんのように、時給が低く不安定なパートタイムの仕事に就いている場合もあれば、池崎さんのように夜勤や残業ができずに収入が低く抑えられている場合もある。仕事から得る収入だけでは足りず、公的な手当がなければ生計を立てることが難しい家庭が多い。

20年以上シングルマザーの女性たちを支援してきたしんぐるまざあず・ふぉーらむ沖縄代表の秋吉晴子《あきよしはるこ》氏は、「経済的に厳しいひとり親は、まず真っ先に自分の食事を減らす」と言う。同団体が沖縄のひとり親家庭を対象に物価高騰の影響について調査した結果によれば、実に7割近くの家庭で親が自分の食事の量や回数を減らしたと回答したそうだ。子どもにハンバーガーを食べさせて自分の分を我慢するという池崎さんのお話は、その典型だろう。

子どもにお金を使うために、自分にかかる支出はぎりぎりまで切り詰める。けれども、そうまでしてもなお、自転車すら買ってあげられない。そこに表れるのは、子どもに対する「申し訳なさ」の感情だ。あるいは、離婚したことについて子どもに対して「罪悪感」を持つ場合もある。子どもが親に言わないことがあるように、親が子どもに伝えないこともある。

子どもに何かの「体験」をさせようと思えば、経済的な負担に加えて、送迎などの時間的・体力的な負担も重くのしかかる。比較的安価に通える地域クラブやボランティア主体の活動においては親の付き添いが必須であったり当番制を設けていたりすることも多い。

その負担は、二人の大人が子育てに関与できる状況よりも重く感じられるだろうし、いわゆる自分の「実家」の助けが得られない場合はなおさらだ。小西さんの「親が二人いたら、色々と手分けできるんですけど、一人だとそれができない」という言葉によく表れている。困りごとがあっても助けを求めづらい、地域や近所の人たちに苦しみを打ち明けられていない、という場合も多いようだ。貧困に加えて、孤立の問題も深い。

藤原さんや池崎さんの話からは、子どもがやってみたいことを言わ(え)ず、「うちは無理だよね」とあきらめている様子が窺える。泣きながら「サッカーがしたいです」と言う子どもとは、表裏の関係にあると言えるだろう。

こうした状況を生きる子どもたちに「体験」の機会を届けるためには、「やってみたい」という気持ちが明確に表れている場合に、それに対して経済面を含めたサポートをする、というだけでは必ずしも十分ではない。一度ふたをしてしまった「やってみたい」という気持ち自体に寄り添うこと、あるいは「やってみたい」何かを見つけようとする好奇心を育み直すこともまた大切になってくるはずだ。

2. 私が子どもだった頃

第一部の後半で、保護者が自分の子どもに対してどんな「体験」をさせたいと考えるかには、自分自身が子どもだった頃の「体験」のあり方も関係していそうだ、という論点を提示した。保護者の方々と実際にお話しする中でも、子どもの「体験」だけでなく、自身の子ども時代の「体験」のテーマはたびたび出てきた。

このパートでは、菊池彩さん、長谷川陽菜さんの声を聞いていただこう。

事例5：泣きながらやったピアノ　菊池彩《きくちあや》さん　長男（小学生）・長女（小学生）

菊池彩さんは二人の子どもを育てながらパートで働いている。昨年からある資格の取得を目指して勉強を始めたという。

――何の資格を目指しているんですか。

社会保険労務士です。去年から勉強し始めました。今年は合格率が5％で、仕事や子育てをしながらも自分としてはできる限りやって臨んだんですけれど、まだまだでしたね。10科目で満遍なく点数を取らないといけなくて。不得意科目をつくっちゃだめなんです。問題の内容も、「未満」か「以下」かとか、「義務」か「努力義務」かとか、覚えることがたくさんあります。試験が1年に1回しかないのもプレッシャーですね。今年は力及ばずでした。また1年がんばります。

――なぜ社労士の資格を取ろうと思ったんですか。

今はある会社の人事でパートとして働いていて、給与計算とか退職金の計算とかをしています。環境はとてもいいし、やっていることも大好きです。

時給は最低賃金のちょっと上ぐらいです。週3から週5で、月収は8万から10万円くらいですね。時間帯は日によっても違いますが、朝に子どもを学校に送り出してからなので、9時半から16時ぐらいまでです。

資格の勉強を始めたのは、子どもを育てるにあたって「今よりお金が上がったらいいな」という気持ちも少しはあるんですけど、それよりも「リストラされたら困る」という気持ちのほうが大きいです。

社労士は国家資格だし、もしそれが取れたら、リストラの列に並ぶ一番最後にしてもらえるかなって。パートから社員に立候補するにしても、資格があったほうがしやすいかなって。前例はないんですけどね。

――今の仕事を失いたくないという気持ちが強いわけですね。

そうですね。今は元の夫から養育費を受け取れていますが、それがいつどうなるかわからないという不安もあるので。

――現状の収入は給料と養育費以外にありますか。

あとは公的な手当ですね。児童手当、児童扶養手当、自治体からの手当があります。貯金は増やせないけれど、減りもしないというところで何とか収めたいと思っています。

ただ、児童扶養手当が18歳までで、今は本当にそれに頼っているので不安です。今年は長男が10歳の年で、あと8年で手当が減り始めます。そういう不安もあって、社労士の資格を取っておこうって。自力で稼げるようにしておかないと。

――お仕事は離婚のタイミングで始められたんですか。

そうですね。大学を出た後に新卒で入った会社でも人事の仕事をしていたんですが、結婚したあとに一度辞めていて。離婚を機に再び働き始めました。

働くのは自分の精神的にもいいのかなと思っています。働かなければ、子どもたちと朝から晩まで一緒です。どうしても親子3人で近い関係になるので、物理的に離れるというか、接触時間を短くするほうがうまくいくのかなとちょっと思っていて。

子どもが小さい頃も、働いている間は保育士さんたちに見てもらえたのが良かったですね。今でも、家にいるといつの間にか3人がみんなソファに集まってきて一緒に座ってたりするんですよ。毎日暑いのに。だから、家から出る時間をつくったほうがいいなって。

――大人にとっても、子どもにとっても、それぞれの時間をつくることは大事そうですね。

小学生になったので、公園でも児童館でも自分で行けます。上の子は自転車に乗れるようにもなりました。今年のお正月に練習したんですけど、大好きになって毎日乗り回しています。自転車は元夫が買いました。

上の子が特に児童館が大好きで、休みの日に行ったりしています。体育室で遊べたり、図書室で本を読んだりできます。予約すれば、クッキングとか、街の探検隊とか、イベントにも参加できて。工作系とか、映画を観たりとか。

児童館は交通費や材料費以外はすべて無料なので助かっています。食費だったり物の値段がどんどん上がっていて、切り詰めるとしたらやっぱり遊びに行くお金からになってしまいますね。給料は全然上がっていないですし。

――お子さんたちと父親との関係は続いていますか。

はい。月に一度の面会交流があります。いつもファミレスなんですけど、希望すれば焼肉にもお寿司にも行けます。費用は元夫が出します。私が外食に連れていくのは無理なので、子どもにとっては重要な体験ですよね。

子どもたちは父親が好きだし、父親であるっていうのは変わりがないので。どこかに連れていってもらったり、何かを買ってもらうのも好きですし。だから、私が関わりたくないからといって勝手に関係を切ってしまうのはね、違うのかなと。

お金のことも、「母にお金がない」という事実だけを知ってると子どもたちも不安になるじゃないですか。「父にはある」とわかっていれば、何かあったときに助けてもらえるという気持ちになるかなって。

ほしいものがあるときも、二人はあまり我慢せずにとりあえず言いますね。「だめだと思うんだけどさ」みたいな前置きはありつつ。

——父親との関係で子どもたちができている体験というのもあるわけですね。

例えば、上の子は小学校に上がるときに私がディズニーランドに連れていきました。やっぱり1回行ったことがあるのとないのとでは全然違うと思って、経験させてあげたくて。

下の子は今度の面会交流でディズニーランドに行くことになったので良かったと思っています。そういう意味では元夫に感謝です。ディズニーランドのチケットも昔に比べてだいぶ高くなりましたよね。1万円を超えてるときもあって。

キャンプとかバーベキューとか、アウトドア系もさせてあげたいんですけど、色々と物を準備しないといけなかったり、車がないと不便とか、自分ではハードルが高くてできていないです。

——お子さんは習い事等をされていますか。

息子はスポーツ教室と、町会主催のクラブ活動と、その二つをやっています。娘もスポーツ教室に。とある団体から費用の支援を受けて通えるようになりました。スポーツ教室は日曜日に行っていて、子どもたちに居場所ができたなと思います。生活の一部になったというか。

平日は学童があったので、日曜日にも居場所ができて良かったです。父親がいないですし、私も毎週どこかに連れていけるわけではないので。家に子どもが二人いると、私が資格の勉強をするのも難しくて、そういう意味でも良かったです。

スポーツ教室に来ているのはほかの学校の子がほとんどです。そこで新しく友達ができて、違うコミュニティができています。学校で習い事の話を友達と対等にできるのもいいですね。スポーツ教室でバスケやったりテニスやったりしてるんだねって。これまでは「自分はしていないから」っていう引け目みたいなところもあったみたいで。

息子はどちらかというと町会主催のクラブ活動のほうが好きみたいです。うまくなりたいという気持ちがあるみたいで、「今日はこんなことができるようになった」とか楽しそうに話しています。元々自分からやりたいと言い出したこともあって、受け身ではない感じですね。

――地域のクラブ活動に参加することで、保護者としての負担はありますか。

そうですね。送迎は絶対してください、練習にも基本的に一緒についていていてほしいという感じですし、「当番」というのがあって、その日は人数だったり備品の数の確認をしたりという役割がありますね。あとは、何年かに一度「役員」が回ってくるみたいで、その年は本当にその仕事に追われるみたいです。「練習は何時から何時です」とか、「雨の場合は何時までに連絡します」とか、そういう連絡を毎回するとか。時間的な負担ですね。

ただ、みなさんお互い助け合うという雰囲気があって、温かいんですよ。クラブの成果を発表する日が私の資格試験に重なってしまったんですが、息子の衣装の着付けとか全部やってあげるからって言ってくださったりして。とは言っても「当番を代わってください」と毎回言えるわけではないと思うんですが。

――ほかの大人や保護者の方は働かれている方も多いですか。

勤めで働いている人は少ない印象ですね。子ども会で役員をしたり、地域に関わっている感じで。自分もクラブ活動に参加して、という人が多いです。私みたいに昼間は外で働いて、夕方に帰ってきて、そのまま子どもを活動に連れてきて、という雰囲気ではないですね。でも、そんな中でも、こちらのことを理解してくださってありがたいなと思っています。

――団体の支援を受ける前は、習い事などについて家庭の中でどう話されていましたか。

習い事となると月々5000円以上はするところが多いですよね。現実的には厳しいです。子どもたちが学校で聞いてきて何かやりたいという話をしたときには、「ちょっと調べてみるね、考えてみるね」というふうに言っていたと思います。
ちょっと卑怯かもしれないですけど、「習い事だとこの曜日のこの時間は決まった場所に行って決まったことをするからちょっと負担になるかもしれないよ」みたいなことを言っちゃったりもしていましたね。良い印象ばかりじゃないものを与えるというか。

――菊池さんご自身が子どもの頃は習い事などされていましたか。

私の母は自分自身もアクティブだし、子どもたちにも「体験は宝だから色々とやらせたい」みたいなタイプでした。コンサートとかバレエとかミュージカルとか、連れていってもらいましたね。妹と3人で。

習い事も、バレエを幼稚園のときに、ピアノを4歳から12歳までやっていました。母は自分がピアノを途中でやめていたみたいで、娘たちにはちゃんと弾けるようになるまでやらせたいということで、とても厳しくされました。家にアップライトのピアノがあって。

ピアノの先生も厳しくて、私はあまり好きじゃなかったです。子どもに言う表現じゃない言葉で教えたり。毎日1時間以上の練習で、泣きながらやったり。指が動かなくて間違えると、「はいもう1回」って言われたり、同じところを50回やってとか。中学に上がる頃に、勉強が忙しくなるからと自分から言ってピアノはやめました。

ピアノだけはトラウマじゃないですけど、こんな感じだったので、自分から子どもに対して「ぜひやろうよ」とは言わないですね。本人が「やりたい」って言ったら別ですけど。

――菊池さんのお母さん（子どもたちの祖母）はお近くに住んでいますか。

両親は私が子どもの頃に離婚していて、今住んでいるところは母親の実家の近くです。ただ、私の母は働くのも遊ぶのもとても好きな人なので、孫がいつ来てもいいよという感じではないんですね。まだ若いし、自分の予定で忙しいので、預けすぎるとあまりいい顔をしないというか。元気でいいんですけどね。

なので、実家が近いから助かるということはあまりないです。いざというときは助けてくれると思うんですけど、「ありがとう、ありがとう」って言いながらだと肩身が狭い感じもするので、お金を払ってシッターさんに頼んでというほうがさっぱりしていて私の気持ちは楽です。もちろん高かったらできないですけど。

――ご自身もひとり親家庭で育たれたんですね。

そうですね。父との交流は今でも続いていて、出産前ですけど、父と旅行とかもしていました。今は母と父の関係は良好で、父が母のもとに遊びに来たりもしています。

子どもの頃は、ひとり親であることが何か恥ずかしいという感じがしていました。別に引け目を感じることではないと思うんですけど、「ひとり親だと貧乏なんじゃないか」とか、そういう偏見をクルクルと子どもの頭ながら考えてしまうんですよね。それもあって、離婚したことは周りの人には言っていないです。

例えば、これは私の今のママ友の話ですけれども、「何々さんちの子がいじめられたんですって、いじめた子はひとり親なんですって」っていう話をしてきたんですね。私がシングルだということは知らないので。お母さんしかいないから、叱ってくれる人がいないから、子どもがだらしないんじゃないかとか、乱暴なんじゃないかとか。まだそういう偏見があるんだなって思いました。

子どもが学校で親が離婚していることがわかって、いじめられたり、差別を受けたり、偏見を持たれたりしたら嫌だなというのもあって。学校の先生は公言しないと信じているので言いましたけど、ママ友とかには言っていないです。

困ったときに安心して相談できるのは、本当の他人ですね。近くにいる人ではなくて。あるＮＰＯのメルマガには登録しているのですが、まだ相談したことはありません。

事例６：アウトドア系は行ったことがない

長谷《はせ》川《がわ》陽《はる》菜《な》さん

長男（大学生）・長女（小学生）・次女（幼児）

長谷川陽菜さんは二度の離婚を経験し、３人の子どもを育てている。高校を卒業してからずっと、様々な仕事を掛け持ちしながら働き続けてきた。長男と長女は10歳以上離れている。

――一人目のお子さんが生まれたあとに一度目の離婚をされたという形でしょうか。

そうですね。そのときはほとんど寝ずに働いていました。昼も夜もずっと働いていました。夜は水商売をして、お昼もパートで働いて。ダブルで働いてました。おばあちゃん（陽菜さんの母親）と長男と3人暮らしで、長男はおばあちゃんにずっと見てもらってという感じで。子どもを早くに産んで、まだ若かったので、そういう働き方もできたんですけどね。今はもう夜の仕事は一切してなくて、昼だけなので。

その頃は、長男と一緒にいる時間がほぼなかったので、それはちょっと後悔ですね。仕事ばっかりになりすぎてたんで、オフの時間もないし。今でも悪かったなと思ってます。「お母さんはお金、お金ばっかり言うけどお金ばっかりじゃない」って中学の頃とかに言われてました。私も若かったからそこまで長男の心を読めなくて。だから、2番目と3番目の子に対しては、夜は家にいるようにしています。一緒に寝れる時間はつくろうと思って。

――今は3人のお子さんと陽菜さんのお母さんとの5人暮らしですか。

そうです。私の母親ももういい歳だし、3番目もまだ小さいし、子どもを一日丸々預けて仕事をするというのは、もうできないですね。でも、私が仕事に行かないと困るじゃないですか。だから、日曜日は元の夫（二人目の元夫）に下の子どもたち二人を見てもらって仕事に行くことも時々あります。

今後もし私の母親がいなくなったときとか考えたら、自分が子どもたちをずっと見ながらだと仕事ができなくなるじゃないですか。だから、そう考えたら、元の夫とも関係を良くしておかなきゃ困るかなという感じです。子どもからしたらやっぱり父親だし、彼も子どもに対しては普通なので。

――長谷川さんに対しては違ったわけですか。

酒癖ですね。豹変するぐらいだったので。仕事から帰ったらもうずっと休みなく飲んでる感じです。それで、急に怒り出したり、怒鳴ったりとか。あとは、長男は前の旦那の子なんですけど、下の子たちに対するのとで態度が違うというか。気にしすぎって言われたらそうなのかもしれないけど、私からしたらそこが気にかかってしまって。

例えば長男が小学校、中学校になったときのお小遣いも、こっちから言うのはやっぱり気が引けて。向こうから言ってくれたらいいんですけど、してくれなくて。そういうところですよね。だったら、自分も働いてたし、自分のパート代から出せばいいかって。

だから、離婚して色々なストレスは減りました。お金の面でも、私もずっと働いてきてはいるので、もちろん収入は減っているんですけど、何とかなるというか、何とかせざるを得ないという感じですね。

——今はどんなお仕事をされていますか。

受付です。パートの仕事で、始めてから1年ぐらいですね。少し前までは保険の営業と掛け持ちでやってたんですけど、今はそこを辞めて雇用保険がもうすぐ終わります。なので、もう一つ掛け持ちできる仕事を今は探しています。

保険の仕事は営業のノルマもあるし、人間関係が良くなくて、会社にいるだけで憂鬱という感じでした。私が働いてた2年で8人ぐらい辞めてましたね。外回りがある仕事だったからまだ続けられましたけど。

——貯金はされていますか。

絶対できないです。してる人もやっぱりいるのかな。でも、最近はもうインスタントラーメンでもなんでも全部が高いから。生活できるだけでいいって思うしかないです。老後の不安もありますけど、目の前のことで精一杯なので。

出費は食費が一番大きいですね。小学生の娘と二人で子ども食堂に行って、お年寄りの方と一緒に折り紙して、ご飯を食べて、帰る、みたいなこともしてますね。お弁当の配布も、情報を見つけてもらいに行ったりとか。ガソリン代もきついので、車の冷房も弱めにしてます。

――例えばの話ですが、もし小学生の娘さんから「ピアノ教室に行きたい」と言われて、それに月額数千円かかるとしたら、どうされますか。

行かさないですね。ピアノはさせないと思います。後々のことを考えるんですよね。大人になってピアニストになるわけじゃないと思うんです。ピアノで生活できるのってきっと一握りの一握りじゃないですか。

生活費から数千円削って何かに行かせるなら、後々に活きてくるようなものにしたくて。どうせ同じお金を出すなら。例えば、そろばんだったりとか。そろばんは長男が年中から小3ぐらいまでしてたんですけど、数学が一番得意になって。

娘は保育園の頃から公民館で英語とダンスに行かせてますね。月に1回ずつでそれぞれ500円です。先生とも相性が良くて、娘も休みたいとか辞めたいとか言わずに続けてますね。行かせて良かったかなと思っています。

――泊まりの旅行だったり、遊園地とか動物園に行かれたりということはありますか。

ないですね。お金もかかるし一人で連れていくのも大変なので。アウトドアは自分があんまり好きじゃないというのも正直ありますね。

――お子さんの側から行きたいと言うこともあまりないですか。

ないですね。行ったことがないから、そういう体験がないから、わからないのかもしれないです。

――ご自身が子どもの頃にキャンプとか、アウトドアの体験をされたりしましたか。

全然行ってないです。私の母親もずっとシングルだったので。だから多分、私自身が関心だったり、アウトドアな感じのところに行きたいっていう感覚がないです。

近くの市民センターみたいなところで、キーホルダーづくりとか、水遊びとか、無料で子どもたちが参加できるのが定期的にあるんですよ。土日はそういうのを見つけて連れていってますね。

車で20分とかで行ける範囲なら送り迎えも私は苦じゃないです。自分が疲れてても、子どもからしたら関係ないじゃないですか。今はちょっと寝ないと無理ですけど、昔だったら寝ずにでもどっか連れていってましたね。だから、ちょっとタフっちゃタフかもしれないですね、私は。

――長男が小さい頃にそろばんに行かれていたとのことですが、ほかにも何か習い事をしていましたか。

高校受験のときから塾に行ってました。長男は小5から中2くらいまで不登校で、友達はいたんですけど学校には行けてなくて。それで、中3で学校に戻る前に、友達が通っていた家の近くの個人塾に通いたいと言ったので行かせました。受験もあったから。

年配の男性の先生だったんですけど、長男との相性がめちゃくちゃ良かったみたいで、しょっちゅう行ってましたね。県立の高校に入ってからも、まだその塾に行きたいって言うから高3まで行ったんです。月に8000円とかかな。本当は週2回の料金だと思うんですけど、何回行っても値段が上がるということもなくて、週に4回か5回行ってたんじゃないかな。

——それは、先生が長谷川さんの家庭の状況を慮ってということでしょうか。

わかってたのかもしれないですね、それもあったのかもしれないです。夏期講習とか、お金が固まって要るのは1回しか行ってないです。ちょっと高いから。

——子育てのことなどで困りごとがあるときに相談する相手がいますか。

いないですね。ママ友はいるけどそこまで深い話はしないかな。自分の中で解決してしまうタイプなので。自分で考えるっていうか。誰かに言うほうが苦手です。

自分とまったく同じ環境じゃなかったら、相手もわからないじゃないですか。向こうも困るだろうし。相談してわかってないようなことを言われても、こっちも嫌な気になったりするから。だったら別に言わなくてもいいかなって。

——長谷川さんご自身がストレス発散をしたり、リラックスする方法はありますか。

私はなんでもはっきり言うほうだからあまりストレス溜まってないかもしれないです。

子どもと24時間いるのはストレスになるので、子どもが保育園に行って、学校に行って、学童に行って、自分は仕事をしてってていうほうが楽だなって思います。適度な距離感があったほうがいいと思っていて。

仕事が平日休みのときは、子どもが家にいないので、そこでちょっとゆっくりするとか、ぼーっとするとか。一人の時間があるから。それぐらいかな。たまに友達と会ったりもするんですけど、それが疲れるときもあるので。

過去と現在、未来

菊池さんには、子どもの頃から習い事をしたり、舞台に連れていってもらったりした経験がある。そして、自分の子どもに対してもできる限り色々な「体験」をさせてあげたいと考え、児童館で無料の講座やイベントを探したり、習い事の支援情報を見つけて応募したりしている。

その一方で、子ども時代に泣きながらやったピアノについては、「自分から子どもに対して『ぜひやろうよ』とは言わない」というお話も理解できるものだ。大人が良いと思う「体験」を子どもに無理やりさせてしまった場合に現れてくる影響の一つだと捉えることもできる。

自身もシングルマザーの家庭で育った長谷川さんは、子ども時代にアウトドア系の体験をしたことがなく、そうした種類の「体験」については「関心だったり、行きたいっていう感覚がない」と話していた。自分が何らかの活動を経験しておらず、楽しさを知る機会がなかった場合、子どもにやらせてみようという動機を持ちづらいのは自然なことだろう。

色々な過去の蓄積が、現在に対して、そして未来に対して影響を与える。保護者自身の子ども時代の「体験」と、その子どもの「体験」との関係を考えるうえで、お二人がお話しくださった具体的な経験や物事の捉え方、価値観は傾聴すべきものだ。

長谷川さんは、長男がそろばんを習い、数学が得意になった経験から、下の子どもたちに何か「体験」をさせる場合には「後々に活きてくるようなもの」にしたいと考えている。親自身の子ども時代の経験に加え、過去の子育ての経験が、次の子育てに影響することもあるだろう。

菊池さんが、自分は良いイメージを持っていないピアノについて、「本人が『やりたい』って言ったら別」と、あくまで子どもの意思を尊重したいと考えていることも、過去から未来へのつながりを考えるうえで、とても大切に思える。

一つ前のパートではひとり親の「孤立」についても触れたが、万が一のときに頼れる身近な存在の重要さは、菊池さん、長谷川さんとのお話でも痛感させられた。長谷川さんの場合、その存在は同居する自らの母親で、現在大学生の長男が小さい頃は、仕事の間に母親が面倒を見てくれていた。

菊池さんの場合は、離婚後も元の夫と子どもたちの間で面会交流が続いている。また、長男が通う町会のクラブ活動にいる地域の大人が当番を代わってくれたりするなど、地域とのつながりもある程度は持つことができている。

しかし、誰もが同じように助けを求められるわけではない。遠方から引っ越してきて頼れる人が誰もいないといった場合もあるし、虐待やＤＶ、家庭内不和などの理由で、親や元の配偶者を頼れない人もいる。助けを求めるあてのない人々を「甘えだ」と切り捨てるべきではなく、孤立する親子を社会としてどう支えられるか、考えていきたい。

3. マイノリティの子ども

このパートでは、鎌田かおりさん、村上菜月さん、ウォルデ舞さんから伺ったお話を紹介していく。

子どもに何らかの障害があること、外国のルーツもあること、多子世帯であることなど、この社会の中でマイノリティであることからくる様々な障壁が、貧困の問題にさらに折り重なってくるとき、子どもたちの「体験」にはどのような影響が出てくるのだろうか。

事例7：障害のある子を育てる

鎌田《かまた》かおりさん　長男（中学生）・次男（小学生）

鎌田かおりさんは障害のある子どもを育てている。長男には発達障害（自閉スペクトラム症）がある。

――今は鎌田さんお一人で二人のお子さんを育てられているんですね。

弟が小学校の2年、3年ぐらいのときに、弟が兄を精神的に追い抜いてしまったようなところがありました。その頃、兄は同じ小学校の高学年で、支援クラスにいて。1年生とか2年生の子たちと遊んだりしていました。

二人がけんかしても、兄が弟に口で勝てないんですよね。弟のほうが勉強もできて、兄に教えることもあるんですけど、ちょっと小馬鹿にした感じで言ったりすると兄が怒ってしまったり。自分が「お兄ちゃん」という気持ちは強くて。

上の子は今中学生だけど、お店屋さんごっこが好きで、折り紙で売り物をつくったり、おもちゃのお金をつくったり、それでおままごとみたいなことをしたいんですね。でも、それを周りで付き合ってくれる人がいないんです。弟にとっても、そういう楽しさはもう終わってしまっていて。

それで、弟がどうやったら遊んでくれるだろうと考えて、放課後に通っている児童デイ（＊放課後等デイサービス）で出るおやつを食べずに家に持って帰ってきて、それをお店屋さんごっこの商品として弟に売るんですね。自分がつくったお金を渡すので、弟も付き合ってくれるんです。ただ、これを学校でやるとなると、なかなか難しいですよね。

――上の子を育てる中でどんな特性を感じていますか。

ものすごく衝動性が強いので、安全確認とかがおろそかになりますね。イオンとかに3人で行くと、駐車場に着いたら玄関目指してダッシュする、みたいな。衝動性を常日頃ずっと抑えているから、「お母さんが思っている以上に本人はすごいがんばってるよ」と病院の先生にも言われたことがあります。

一人でいると何をするかわからないので心配です。以前に比べたら衝動性がだいぶ落ち着いてきた感じもするんですけど、これがほしいとか、これがやりたいというのがいまだに強いので。お留守番ができるようになってくれると変わってくるのかなと思ったりはするんですけど、難しくて。

仕事も上の子のお迎えがあるので、残業も一切できないんですね。だから、今手取りで

13万円に届かないぐらいの給料ですが、そこから減ることはあっても増えることはないです。病院だったりで、早くお迎えに行くときは早退になるので給料が減ります。

下の子が小2の頃に地域のサッカークラブに入りたいと言ってたんですけど、私が仕事の関係でクラブまでの送り迎えができないのと、上の子を一人で家に置いておけないというのもあって、させてあげられませんでした。弟には「あなたが一人で行けるようになったら」と話をしたんですけど。

育児支援のボランティアの方にも上の子はもう見きれないと断られました。大変って言われて。

――下の子がサッカーのクラブに入るうえでお金以外の色々な壁がありそうですね。ひとり親であること、仕事をしていること、お兄ちゃんに障害があることなど。

上の子はパソコンが好きなんです。小学校のときにプログラミングコンテストで賞を取ったこともあります。

その頃の学校の先生がすごく良くて、ダメなことはダメってちゃんと言うけど、やりたいことはやらせてくれる、みたいな。パソコンに使われる人じゃなくて、使う人にならないとダメだよとよく言ってました。あるＮＰＯからパソコンを借りれるというのを知って、今は兄弟二人分を借りています。

おうちの近くにプログラミング教室がオープンするというのでチラシが入ってたんですけど、入学金で5万円とかかかって、月謝も2万円だったかな。計算すると1回30分が5000円で、本人も「高いね」と言っていました。

だから、上の子も下の子も、本人たちとしてはやりたいことがあるんですけど、ことごとく私が却下していくんですね。ごめんねと思う気持ちもあるんですけど、最初はがんばって行かせたとしても、コンスタントに行かせ続けるのは難しいので。

――離婚される前と後とで変わったことはありますか。

休日はすごく変わったと思います。週に1回でもお出かけしたりとか、彼がおうちで子どもを見てる間に買い物をパッとしてくるとかもありました。日曜日にドライブで遠くまで行ったり、外でご飯を食べたりもよくしていました。近場じゃない大きな公園に行ったり。

今は何かがないと基本的に連れていかないですね。誕生日は「好きなところにご飯食べに行っていいよ」と言っていて、「回転寿司に行きたい」って言ったら「じゃあ行こう」って。子どもたちの中で昔との違いに思う部分はあると思うんですけど、「なんで行けないの」というふうに言わないのは、私にとっては結構救いではあります。

土日は子ども食堂をやっている居場所があって、子どもたちはそこに朝から行っていますね。車で連れていって、夕方に迎えに行きます。前は365日ずっと一緒だったんですけど、今はこの時間は私一人の時間になっているので、ちょっと気が抜けます。洗濯をしたり、夕飯の準備をしたり。

――鎌田さんが子どもの頃はスポーツや習い事などをしていましたか。

全然ないです。うちも母子家庭だったんです。お父さんは知ってるんですけど、たまーに遊びに来る人っていう感じで。

母がほぼ休みなくずっと働いていたので、私はほとんど母方の祖父母のうちに預けられて育ちました。子ども心にうちって貧乏だなと思っていて。母がそんだけ働かないと生活していけないのか、みたいな。授業参観とかもほぼ来たことがなかったです。

母がうちにいるのは、数年に一回熱を出して寝込むというか、体調が悪いときだけでした。だから、そういうときって母が死んじゃうんじゃないかって思っていました。

月に1回、母と姉と3人で外食する日というのがあって、それにいつも抵抗していた記憶がすごくあります。「みんなで行こうよ」って言われても行かない。私はおうちにあるものを食べて。ちょっとでもお金を使わないほうがいいんじゃないかって、心配してたんですね。

私がある程度大きくなったときに、なんだったかな、母に対して塾だったか習い事だったかに「行ってみたかったんだよね」という話をしたことがありました。そしたら、「そのときに言ったら良かったのに、行かせたのに」と言われて、「私、あのとき一人で一生懸命に何をやってたんだろう」と思って。

だから、今は私の子どもたちがそういうふうに思ってないかなと、考えるところもあります。なるべくやりたいことはさせてあげたいです。下の子が「漢検を受けたい」って言ってプリントを持ってきたので、「受けな、受けな」って言って、1000円を渡して。サッカーも本当はやらせてあげたかったんですけど、もう言わなくなってしまいました。

事例8：ほかの子にできることができない　村上菜月《むらかみなつき》さん　長男（中学生）・長女（小学生）

村上菜月さんは数年前に夫のDV被害から逃れてシェルターに入った。現在は精神障害の診断を受け、生活保護を受けながら、障害のある子ども二人と一緒にアパートで暮らしている。

――DVの被害に遭われていたんですね。

仕事と家の監禁状態というか、自由がない感じで。いつも「誰とどこにいて何をしてる？」って。「帰らなかったら殴るぞ」みたいな。仕事の忘年会にも行けなかったです。完全に孤立していました。お化粧もしたことがなくて。自分のこと、何もしたことがなかったです。世の中のことを何も知らない。携帯の契約の仕方もわからない。わかるのは仕事のことだけ。

――その頃はどんなお仕事をされていたんですか。

居酒屋です。ランチもしていたので昼から働いていました。3つの仕事を掛け持ちしていたこともあります。私の名義のカードを向こうが持っていて、金融会社に自分の名義で借金をさせられて、それを返すために仕事をして。私は一切お金がなくて。

シェルターにいたときも、アパートに引っ越したばかりのときも、元の夫が怖くて外に出られなかったです。役所に行くにも怖くて一人では行けませんでした。前はもっとおどおどしていました。

――お子さんたちの障害について聞かせていただけますか。

はい。発達障害と知的障害もあります。学校では特別支援学級に行っています。私自身も発達障害で。

上の子は言葉のまんまを受け取ります。直接わかるような言い方をしないといけません。出かけるときに「モタモタして何やってるの?」って言ったら、急いで靴を履くんじゃなくて、「今は何々をしてるんだよ」という答えが返ってきます。

静かで、あまり人に興味がないですね。伝えたいことがあるけど、どう言ったらいいかがわからないみたいです。言葉にすることが難しくて。

下の子は真逆で、すごく元気で、発散して、やりたいことやっていると落ち着くんですけど、それがダメになると大変です。飽きたら泣き叫んだり。どこかに連れていくときも、ひゅーって一瞬でいなくなってしまうので、目が離せません。

――お子さんたちの特性との関係で、特別に壁を感じることはありますか。

ほかの子ができることができないことがありますね。工作系とか、キャンプとか、みんなで協力したり、ルールに従ってやるようなイベントには連れていきづらいです。

行きやすいのは自由にできるところ。広い公園で思いっきり動けるとか。こうしなきゃいけない、ああしなきゃいけないというのがない場所です。ばらばらでいいところですね。無料で行けるお祭りとかチャリティーのイベントとかを検索して行ってみたりしています。

博物館とかコンサートとかも連れていきたいんですけど、会場の中とかだと難しいです。ご飯屋さんとかも。ただ、最近は少し落ち着いてきたので、座っていることもできるようになってきたので。マックにたまに行ったりしています。あとは個室のあるお店ですね。

今は生活保護なので、車は持っていません。元々運転はできるし大好きなんですけどね。今は障害者手帳があって、バスが半額なので、それで出かけたりしています。

お金があったらどこか旅行に連れていってあげたいですね。キャンピングカーに乗りたいって言うんです。私も運転ができたらいいなと思います。

——二人は今どんなことに興味を持っていそうですか。

長男はカメラが好きなんです。カメラは持っていないんですけど、スマホで撮って、編集とかもして、結構上手なんです。カメラの専門学校にも行きたいって。あとはパソコンがほしいけど家にはなくて。ほしいパソコンが二十何万円とするみたいです。私は全然わからないんですけど。買ってあげたいんですけどね。学校のパソコンで物語を書いて、先生に見せたらすごいって褒められていました。それも伸ばしてあげられたらいいですよね。

下の子はダンスがしたいんです。4歳ぐらいからYouTubeでダンスを見ていて。ダンスのスクールに通いたいって。安いところで5000円くらい月謝がかかるみたいです。

お金のほかに心配なのは私の体力ですね。送り迎えと、レッスンの間の付き添いと。今は私がペアレント・トレーニングという、障害のある子どもの子育てのプログラムに通っているので、一つずつやっていく感じにしないと、みんなぐちゃぐちゃになってしまいそうで。

——村上さんご自身が子どもの頃に何か興味を持ってやっていたことはありましたか。

何もないです。部活もしていないし、習い事もないです。食べるものもないような家だったので。小さい頃から虐待を受けてました。お父さんがお母さんに、お母さんが私に。歳の離れた弟がいて、両親が面倒を見ないので、私が見ていました。

高校も卒業したかったんですけど、耐えられなくて、高校3年で中退して、元の夫のところに逃げてきたような感じでした。

――子ども時代から暴力の連鎖の中で生きてこられたんですね。

最近になって生活が変わってきて、私も少しずつ外に出られるようになって、子どもたちもちょっと変わってきた気がします。最近は「ママ楽しそうだね」って言われたり。

長男はずっと学校の行き渋りがあったんですけど、中学校に入った頃から不登校になりました。でも、少し前からまた行くようになったんです。「朝8時に行けるように自分もがんばる」って言って。

事例9：5人の子と海や山には行けない　ウォルデ舞《まい》さん

長男（高校生）・長女（中学生）・次男（中学生）・三男（小学生）・次女（小学生）

ウォルデ舞さんは外国出身の夫と20年ほど前に結婚し、今は子ども5人と一緒に7人で暮らしている。夫は工場での仕事をフルタイムで、舞さんは介護の仕事を週に数日している。

――夫婦で共働きをされているんですね。

そうですね。うちの夫は外国人です。外国人を雇ってくれる会社ってそうそういいところはないんですね。これまで3つ、4つと仕事を変わってきていますけど、やっぱりどこも日本人が好まないところなんですよ。

今は工場で仕事をしています。最初は土曜日が休みだったのが、週6日に変わってしまいました。みんな辞めていくから人が足りないんですね。毎朝7時とかに行って、帰ってくるのは夜の9時とか10時とかです。

夫がハローワークで「おたくの国は難しいからね」って言われたこともありました。最初に転職しようと思ったときなので少し前の話ですけど、今思えばそんな言葉よく言えたなって。でも、実際にそうなんですよね。

――お二人の給料は結婚された20代の頃に比べて上がっていますか。

変わってないですね。上がることはないと思います。今は彼の手取りが25万円くらいで、ボーナスはありません。会社側もレベルアップする人を求めてるわけじゃなくて、淡々と文句を言わずに作業する人がほしいという感じです。それが嫌なら辞めて、次の人をまた募集して、ということの繰り返しですね。

――年収にすると夫が300万円、妻が100万円といった感じでしょうか。

大体そうですね。足しても400万円ちょっとしかなくて、それを2で割ると200万円ですよね。うちは子どもが5人いるんですけど、もしひとり親で、収入が200万円で、子どもが2人、3人といったらもらえるような手当が、うちではもらえません。政治家の方たちにはそのあたりが見えていないと思うんです。

コロナのときに収入が減ってしまって、役所の生活保護課に行ってみました。そしたら生活保護を申し込めるレベルだと言われたんですけど、もうちょっとがんばろうと思って、そのときはやめました。

――生活保護のことを考えたのはコロナのときが初めてでしたか。

いえ、ずっと考えてますけどね。うちの夫が死んだら（役所に）行かなきゃと思ってます。

――先ほどハローワークでの話がありましたが、5人のお子さんたちがこれまで育ってきた中で、周りから差別を受けるような経験はありましたか。

保育園のときに「肌の色がどうしてそんなに黒いの？」と言われるようなことは、どの子も1回はありましたね。

ただ、このあたりは外国人が比較的多い地域で、学校にも色々な国の子がいるんです。うちの子たちは肌の色では目立ちやすいですけど、その中で子どもたちも慣れてるというか。

あとは、夫が日本語がそんなにできなくて、漢字とかもそんなに書けないので、子どもたちの書類関係は私が全部やらなきゃいけないですね。

——きょうだい同士の仲はどうですか。

テレビで見るような仲良しの大家族という感じではないです。子どもたち同士の組み合わせによって仲が良かったり悪かったり。面倒を見るというほどではなくても、私が買い物に行くときに上の子が下の子をちょっと見てくれてるとか、そんな感じです。

——5人の子どもを育てる大変さというのは、ちょっと想像がつかないです。

みんな0歳から保育園に入れたので、ほとんど保育園が育ててくれたような感じですよ。一番上の子が小さいときにはその子に時間をかけられたんですけど、一番下の子は同じようには見てあげられていないですね。逆にそれがいいのか、伸び伸び過ごしてますけど。海とか山とかも、子どもの事故のニュースとかもあるので、そんな危険を冒してまでは連れていけないですね。二人の親で子ども5人とか見れないじゃないですか。

——お子さんが多い場合にはそういった難しさも出てくるんですね。

女の子二人が週末にダンスを習っていた時期があったんですけど、日本の風習というか、悪習というか、親も一緒にずっといないといけなくて。

でもそうすると、その時間はほかの子たちがほったらかしになっちゃうじゃないですか。

陰で犠牲になってるほかのきょうだいもいるわけなので。
男の子たちがスポーツ少年団に入っていたときも親の負担が大きくて。下の子たちがまだちっちゃかったのに炎天下で連れていかないといけないのも大変でしたね。

――お金の面に関わるところではどうですか。

それぞれの誕生日には好きなものを1個買ってあげるというふうにしているんですけど、子どもたちの誕生日がくっついてる時期があって、そこがちょっとつらいですね。
貯金という貯金はないので、児童手当が年に何回かまとめて入るのを貯金のように使っています。ただ、一番上の子は高校生になったので、児童手当はもうありません。実際には、高校生になってすごくお金がかかっています。

――どんなお金がかかっていますか。

お米はいっぱい食べるし、定期代もかかるし、バスケ部の遠征費も結構かかります。高校に入ったらパソコンとか教科書とか制服とかも買わないといけなくて。果物をあまり買っていないので、ビタミンが取れてないかもしれません。お米がどんどんなくなるので、ほかのところで削るしかないですよね。
長男は中学時代に、バスケで有名な私立の高校の監督から「ぜひうちに来てくれ」という話もあったんですけど、本人が県立を選びましたね。「私立に行ってもいいよ」と言ってはいたんですけど、内心はドキドキしていました。やっぱりきょうだいのトップバッターにお金を全部使っちゃったら後が続かないので。一番上の次が中学生で年子なんですよ。

今の県立高校のチームは弱小なんです。だから、人生の分かれ道だったのかなと思います。「うちは貧乏だから」とか、「お金ない」とか、そういうことは子どもたちにあまり言わないようにはしています。でも、上の子は特によく気が付くから、家のこともわかっていて、県立を選んだんでしょうね。

――限られたお金を5人の成長に合わせてどう使っていくか、難しいですね。

今は上の子二人を塾に行かせています。本当はその下の子も行かせたほうがいいと思うんですけど、経済的に難しいので我慢の時期ですね。英語でつまずかないように小6から通っていた英会話も途中でやめさせました。本人はそんなに好きじゃなかったみたいで、やめられて喜んでましたけど。

上の子3人は部活でバスケをやっています。お兄ちゃんからのというよりは漫画の影響かなと思います。バスケでお金がかかるのは、最初にシューズを買うのと、靴下ぐらいですかね。ユニフォームは学校のやつを着回せるので。ただ、もうすぐ冬になりますけど、そうするとジャージを買うんですよ。そろそろ3番目の子が言ってくるだろうと思います。それが1万円以上にはなっちゃうのかなという感じです。

選択肢が狭まっていく要因

鎌田さん、村上さん、ウォルデさんからお話を聞いた。鎌田さんと村上さんはそれぞれ障害のある子どもを育てている。一口に「障害」と言っても、身体障害、知的障害、精神障害と、その特性や程度は様々だが、「体験」の機会という意味では、やはり選択肢そのものが少なくなりがちだ。

村上さんは、決められたルールがある場合や大勢の子どもたちと一緒に活動するような場合には、自分の子どもは参加が難しいという話をしていた。加えて、そうした場を運営する側に、障害のある子どもたちへの理解が十分でない場合もあるだろう。周囲に気を配りながら、我が子の「体験」に付き添い手助けする。その負担は決して小さくない。

子どもに障害がある場合、その親がフルタイムで働きづらい、残業や夜勤に対応できないといった就労面の制約につながることも多い。鎌田さんの場合は、早めのお迎えなど急な対応が必要となって勤務時間が減り、収入が減ってしまうことに困っていた。経済的な貧困状態に陥るリスクは高いと言えるだろう。

鎌田さんのお話からは、障害のある子どもがいる場合のきょうだいへの影響も見えてきた。難しい問題だが、より丁寧なケアを必要とする子どもが家族の中にいることで、別の子どもの「体験」が間接的に阻まれるという状況だ。

親の介護や家族の世話のために、子どもがやりたいことをあきらめざるを得ない「ヤングケアラー」のテーマとも地続きで、社会によるサポートが切実に求められる。しかし、「育児支援のボランティアの方にも上の子はもう見きれないと断られました」という現実に、鎌田さんと子どもたちは直面している。

大人の人数に対して子どもの人数が多くなる多子世帯でも、近しい問題が起こる。ウォルデさんが言うように、大人が一人ひとりの子どもに目を行き届かせるのは構造的に難しく、お出かけやアウトドアなどの機会がどうしても限られてしまいがちだ。

実際、多子世帯の子どもたちが習い事やクラブに参加するとして、もしそこで親の付き添いや当番が必要だとすれば、子どもがそれぞれ自分自身の興味に沿って好きなものを選ぶことは難しいだろう。

例えば、5人の子どもが別々のクラブに入った場合、親がそのすべての活動に顔を出したり、練習や試合の場所に送迎したりということは現実的ではない。親の視点では、きょうだいが同じ教室やクラブに参加してくれたほうが負担は減るが、それが子一人ひとりの望みと合っていないという場合もあり得るだろう。

外国にルーツを持つ親子の場合、日本語の制約が「体験」の壁になることもある。日本語ができなければ参加しづらいものが少なくないという直接的な問題に加えて、地域にどんな「体験」の場があるのかについての情報自体が日本語のみで流通しているといった問題もある。

ウォルデさんの夫婦のように、どちらか（例えば妻）が日本の方の場合は、日本語の問題は相対的に生じづらいかもしれない。しかし、ウォルデさんが学校などの書類関係を一手に引き受けているように、「体験」の場に関わる様々なコミュニケーションや時間的な負担について、夫婦の間でうまく分散しづらいという状況は起こり得るだろう。

子どもがある程度大きくなってから（例えば10歳よりあとに）来日した場合などは、同じ外国ルーツでも日本生まれの子どもに比べてさらに日本語が壁となりやすい。そのあたりを適宜サポート可能な地域でのつながりがあればまだ良いが、それすらもない孤立状態の場合はさらに深刻だ。

体験の場をより包摂的に

障害であれ、外国ルーツであれ、この社会の中でマイノリティとして生きる人々は、差別的な言動や構造に直面することも少なくない。同時に、マジョリティとして生きる人々の多くは、この社会が自分たちにフィットするようにできており、それがマイノリティにとって排除的な性質を有していること自体になかなか気づかない。

村上さんは、自分の子どもの特性を考えて、博物館やコンサートに行くことを避けている。しかし、そのとき村上さんが考えているのは、実は自分の子どもの特性だけではない。そうではなく、むしろその特性が受け入れられない「社会」のことを考えているのだ。問題は子どもの側の特性にあるのではない。その特性を「迷惑」だと捉え、かれらを白い目で見る社会の側にこそ問題があるのだ。

マイノリティの子どもを持つ親は、自分たち親子がこの社会のどこでなら受け入れられ、どこでなら受け入れられないかの境界線を敏感に察知している。そして、嫌な思いをしないために、子どもにさせないために、どこに行くか、どこには行かないかを熟慮している。

子どもたちの「体験」の幅は、そうした日々の判断によって狭まっていかざるを得ない。だが、それはマイノリティの側の問題だろうか。明らかにそうではない。こうした不均衡な構造自体を直視し、様々な「体験」の場を、みんなが一緒に参加できる、より包摂的なものへと変えていくことが、マジョリティには求められるだろう。

体験格差にとって経済的な側面は非常に重要だ。だが、ここで述べてきたマイノリティを取り巻く様々な壁の存在も、体験格差を助長し、拡大する重要な要因としてある。

4. 体験の少ない子ども時代の意味

これまで小学生の子どもを育てる9人の保護者たちとの会話を紹介しながら、一つひとつの家族、親子の中で現れる体験格差の具体的な姿を見てきた。しかし、それはあくまで大人の目線から見えることを、聞き取ったものだ。

では子ども自身の目から見たとき、体験格差の問題はどのように映っているのだろうか。私たちチャンス・フォー・チルドレンがかつて教育費の支援にあたった松本瑛斗さん（当時高校生、現在20代）に、子ども時代を振り返りながら話を聞かせていただいた。松本さんの両親は彼が小学校に入る前に離婚し、その後は今にいたるまで祖母、母、弟、妹と公営住宅での5人暮らしが続いている。

事例10：子どもの頃は買えなかったピアノ

松本瑛斗《まつもとえいと》さん

――両親が離婚されてからはお母さんが家計を支えてこられたんですか。

母も最初は働いていました。でも、一人で子ども3人を育てる大変さもあって、精神障害のほうで働けなくなってしまったんですね。その頃に祖母も一緒に暮らし始めました。

祖母はずっと看護師をしていて、祖母の貯金でやりくりしていた時期もあったんですけど、その貯金も尽きてしまって。自分が中2になるぐらいまでは粘っていましたけど、その頃からは生活保護を利用するようになりました。

祖母は早めに脳梗塞をやって、今はがっつり介護が必要な状態です。一人ではいられないので、誰かが一緒にいないといけません。

――生活保護を利用し始めたことは、中2だった頃の松本さんご自身も知っていましたか。

僕はわかってましたね。弟と妹はまだ知らなかったと思います。人の税金で生活させてもらっているという後ろめたい気持ちがずっとありました。公営住宅に住んでいることについても、目に見える格差というか、子どものときから感じていましたね。

保護を受ける前はまだ車があったので、近くの牧場に行ったりしました。うちの母はそういうのはいっぱいやってくれたかな。大きなのは無理だけど、入場料が500円の小さい音楽のリサイタルとか、絵画展とか、昔はよく連れてってくれたなって。

――生活保護を利用して、車が持てなくなってしまったんですね。

だから、全然変わりますよね。保護を受けている間は遠出も何もなくなって。あとは、やっぱり母が病気になったということもありましたし。

――お小遣いとか、自分が自由にできるお金はありましたか。

ゼロです。お年玉もゼロ。クリスマスとか誕生日とか、基本何もなかったです。どこにも行かないし、何かをもらったりとか、ねだったりとかも全然なかった。お小遣い、いいですよね、もらえるのって。

――習い事に通うというのも経済的に難しそうですね。

小学生のときにみんなは習い事に行ってるけど僕は行けないとか。ゲームとかもそうかな。一回も買ってもらったことないです。

休み時間とかはよく音楽室にいました。ピアノを弾くのが好きだったので。こういう学校の活用の仕方があるんだってことをちゃんと理解してたのかもしれないです。

当時は塾に行きたいと言って母とよく喧嘩してましたね。中2、中3くらいからみんなも塾に行き始めて。でもうちでは全然無理だったので、高校受験は自分の力で乗り切ったって感じです。塾の費用はやっぱりすごい高いので。

私立の高校に行きたいとかって思ったこともあったし。私立は本当に贅沢というイメージでしたけど。

――部活には入っていましたか。

中学では部活もしてなかったです。中3ぐらいまでは喘息で体育もほとんど参加できないくらいで。年に3回参加できたらいいかな。それ以外は休んでました。

高校生になって、吹奏楽部に入ったというか、ピアノ弾いてただけなんですけど。結局お金がかけられないので、別の学校と合同練習したりとか、コンサートとか、どこかに遠征に行くというのは、僕は行けない。そもそも吹奏楽では、ピアノは目立つ仕事ではなくて。

楽器は高くて買えないので、学校にあるピアノで。無料でできるようなところしかやってないです。トランペットとかもやってみたかったですけどね。それこそクラシックが好きだったので、オーケストラにある楽器は全部好きですし。

陸上部にも籍を置いて短距離をやってました。これも、試合に出るとかはしないで練習だけですけど。あとは、部員がいないところから何人か集めて科学部の部長をやってました。興味は広いんだと思います。一つでは飽き足らないというか。

――お金の制約が大きくある中で、色々やってみたいことをやってきたんですね。弟さんや妹さんはどうでしたか。

自分と違って、二人ともあまり欲みたいなものを持たないですね。お兄ちゃんが「あれがほしい」「これがしたい」と言って親と喧嘩してるのを見て何も言わなくなったのかもしれないです。僕が勝手にそう思ってるだけですけど。

――その後、大人になって、働くようになって。

今も余裕はないんですけど、5人家族の家計の半分くらいは僕が支えています。僕が20歳くらいのときに、家族全員で生活保護もやめました。車も今はあります。

人生で最初の大きな買い物は、成人してから買ったピアノですかね。電子ピアノなんですけど、グランドピアノに近い音質を出せるやつで。やっと買うことができて。

高校生のときより腕は落ちてますけど、毎日仕事に行く前に弾くようにしています。

子どもたちから何が奪われているのか

子どもの頃に家庭が貧困に陥り、体験格差の渦中に身を置かざるを得なかった松本さんは、それでも自分の興味関心を追い求めることをあきらめなかった。

彼は強い。同じ境遇に置かれた子どもたちの多くは、彼と同じようにはふるまえないだろう。それは誰にも責められないはずだ。だからこそ、子ども時代の彼のがんばりや姿勢に学びつつ、そのエピソードを一つの美談として消費するだけではいけないと思う。

改めて子ども自身の目線から「体験格差」を考えると、親の努力の大小にかかわらず、自分では変えられない「生まれ」に子どもたちが放置されているという社会的な構図が、より一層クリアに見えてくる。そして、その放置は世代を超えて繰り返されている。今の親たちも、かつてはみな子どもだったのだ。

では、松本さんのように、「体験」への十分な機会が得られなかった子どもたちからは、そうでない子どもたちに比べて、相対的に何が奪われていると言えるだろうか。「体験」から得られるその時々の楽しさの格差、ほかの子どもたちにできていることが自分にはできないという相対的な剥奪感に加えて、子どもたちの将来、中長期的な成長に関わる様々な影響が予想される。

まず指摘したいのが、「体験」の有無による、子どもたちが**社会情動的スキル**（Social and Emotional Skills）を伸ばす機会への影響だ。認知能力（スキル）との対比で非認知能力（スキル）とも呼ばれる社会情動的スキルは、例えば忍耐力、自尊心、社交性などを含み、池迫浩《いけさこひろ》子《こ》氏と宮本晃司《みやもとこうじ》氏によるOECDのワーキングペーパーでは次のように定義されている。

> （a）一貫した思考・感情・行動のパターンに発現し、（b）学校教育またはインフォーマルな学習によって発達させることができ、（c）個人の一生を通じて社会・経済的成果に重要な影響を与えるような個人の能力

同ワーキングペーパーは、社会情動的スキルに「目標を達成する力」「他者と協働する力」「情動を制御する力」が含まれるとし、部活動や放課後プログラムなどの課外活動、地

域でのボランティア活動や野外冒険プログラムへの参加が、これらのスキルを伸ばすのに有益であると示す国際的なエビデンスも列挙している。例えば、

米国における研究は、音楽のレッスン、ダンスのレッスン、舞台芸術活動、芸術のレッスン、スポーツ、放課後のクラブに参加する小学生は、こうした活動に参加していない者に比べ、より高い注意力、秩序、柔軟性、課題に対する粘り強さ、学習における自主性、学習に対する意欲を見せることを示している。

日本国内については相対的に研究の蓄積が少ない。文部科学省による調査があり、小学生の頃に自然体験や文化的体験などを多くしている子どものほうが、そうでない子どもに比べて、中学生や高校生になった時点での自尊感情が高い傾向が示されているが、必ずしも因果関係を示したものではない点に留意が必要だ。

こうした社会情動的スキルへの影響に加えて、様々な「体験」の有無を含めた子どもたちを取り巻く環境は、かれら自身の**将来に対する意欲や価値観**のあり方をもいつの間にか規定していく可能性がある。

本がたくさんある家庭で育った子どもが本好きになりやすいこと、音楽を聴くことや楽器の演奏が好きな家庭で育った子どもが音楽を身近に感じやすいこと、こうした形での親から子どもに対する有形・無形の影響を「文化資本」の相続と捉える見方があるが、こうした点にも「体験」の有無は関わっているだろう。

親世代から子世代へと「体験」の格差が連鎖している可能性については、全国調査の分析においても、インタビューの中でもたびたび触れてきた。

最後に、「体験」の場が家庭や学校での関係性だけではない、**色々な他者とのつながり**を育む機会であるという点にも注目したい。

近しい年齢の子どもたち、少し年上のお姉さんやお兄さん、あるいは大人のコーチや先生たち。こうした他者とのつながりの豊かさに、例えば習い事の月謝が払えるか否かが影響を与えてしまっている。インタビューの中でも、親たち、子どもたちの社会的な孤立がたびたび見え隠れしていた。

かつて子ども時代に支援活動を通じて出会い、今は社会人として働いているある青年は、サッカーのコーチに「サッカーのスキルだけじゃなくて、人として成長させてもらいました」と語っていた。彼は幼少期に父親を亡くし、母子家庭で育っていたが、母親が色々な我慢をしながら、サッカーにだけは小学生の頃からずっと通わせてくれていた。逆に言えば、そうさせてあげられない親たちも、たくさんいるはずだ。

あるスポーツの指導者から、一人の不登校状態の子どもが、地域のスポーツチームにだけは必ず参加しているという話を聞いたこともある。「体験」の場は、社会とつながることに困難を抱える子どもにとっての大切な居場所となる可能性があるし、実際になっている。ただし、保護者がそのお金を払えるのならば。これが現実だ。

社会の中での様々な他者とのつながりは「社会関係資本」とも言われ、子どもの教育や健康、ウェルビーイングに関わるとされる。こうした格差の構造を繰り返さないためにも、低所得家庭の子どもたちがアクセスしづらい「体験」の機会を広く提供することが重要ではないか。

子ども時代に「体験」の機会が少ないことの意味について見てきた。社会情動的スキル、将来に対する意欲や価値観、色々な他者とのつながり。「体験」とそれらの関係を想像し、理解することは、すべての子どもたちにとっての「体験」の重要性、そして体験格差を放置すべきでない理由を確認することにつながっていくだろう。

そのうえで最後に考えるべきは、体験格差に抗う社会をどうつくっていくかだ。

第三部　体験格差に抗う

今、少なくない親たちが我が子の「体験」にお金を使っている。スポーツ、音楽、旅行、キャンプ。「体験」の重要性への認識が高まれば高まるほど、家庭の経済力の差が、子どもたちにとっての「体験」の格差に直結してしまう現実がある。

たまたま裕福な家庭に生まれた子どもが外国へのスタディツアーに参加しているとき、たまたま貧しい家庭に生まれた子どもが地域の比較的安価なスポーツ少年団への参加を断念している。

コロナ禍の影響でオンライン学習の基盤が充実し、同時に「体験」をオンラインで代替することの難しさが改めて広く認識されたことも大きい。具体的な場所、具体的な人との関わりを必要とする「体験」は、低所得家庭の子どもたちにとって、より手の届きづらいものになっていくかもしれない。

第一部、第二部では、体験格差の現状を全国調査とインタビューを通じて確認、検討してきた。第三部では、今ある体験格差の拡大を防ぎ、この社会で暮らすすべての子どもたちに「体験」の機会を届ける方法を考えていこう。

1．社会で体験を支える

体験の優先されづらさ

これまで「体験」の重要性に対する保護者の間での価値観やスタンスの違いについてたびたび触れてきたが、体験格差を是正する方法を考えていく前の準備として、私自身としても反省を込めて振り返っておきたいことがある。それは、私たちチャンス・フォー・チルドレンが東日本大震災で被災した家庭や、新型コロナウイルスの影響が直撃した家庭の子どもたちなどに対して行ってきた教育支援のことだ。

私たちは主に寄付金を原資として「スタディクーポン」という学校外の学びの場で利用できるクーポンを被災家庭や低所得家庭の子どもたちに提供してきた。これまでの総額で13億円ほどになる。

このクーポンは学習塾でも使えるし、本書で対象としてきたような「体験」の場でも使えるという仕組みで、子どもたち自身が利用先を選べることが特徴だ。多様な子どもや保護者たちの希望に寄り添いながら、地域に数ある既存の学びの場につないでいくことを大切にしてきた。

重要なことは、これまでのクーポンの利用実績を振り返ると、9割以上がいわゆる狭い意味での「学習」を目的として利用されているということだ。つまり、学習塾、個別指導塾、家庭教師などでの利用がメインで、受験対策のニーズがやはり大きい。第一部でも紹介した通り、特に中学3年の時期には家庭が支出する学校外での平均的な学習費が大きくなるため、その負担への補塡という意味合いで利用されてきた。逆に言えば、「体験」を目的として利用されたケースは全体の1割に満たない。

私自身、緊急支援を実施するのに精いっぱいだったこともあり、長年、この状況を見過ごしてきてしまったところがある。つまり、突然「貧困」の状態に陥った被災家庭や、元から不安定な所得だったところに新型コロナウイルスの影響で深刻な追い打ちを受けた家庭において、「学習」が「体験」に優先されがちだという傾向を知りながら、有効な対策を立ててこられなかった。東日本大震災で激しい地震を経験した親が、子どもの塾への支出などをむしろ増やしたとする研究もある。

今回実施した体験格差の全国調査では、直近の物価高騰が子どもの「学習」と「体験」の機会の増減に与えた影響を聞いたが、「減った」「今後減る可能性がある」という回答は、やはり「体験」のほうが大きくなっていた。家庭の経済的余裕が失われたとき、子どもの「学習」と「体験」ではどちらがより犠牲となりやすいか。この社会の中で、ある程度共有された優先順位がここでも垣間見える。

厳しい環境に生まれた子どもたちには、衣食住の支援も、学習の支援も、体験の支援も、すべて必要だ。保護者にそのどれかをやむなく選ばせてしまう（そして、子どもたちにそれ以外をあきらめさせてしまう）のではなく、すべての子どもたちにそのすべてが届く社会を目指していきたい。

そのためには、「体験」に独自の価値を認識する必要がある。それは、この日本社会で、子どもたちの「体験」を「贅沢品」ではなく、「必需品」であると真に捉え直していく試みでもあるのだろうと思う。一人ひとりの保護者の価値観を問題にするのではなく、社会全体としてのスタンスを変えていきたい。

5つの提案

子どもたちの「体験」には、大きく分けて3つのタイプの人々が関係する。

まず（1）**体験に参加する「子ども」**（と保護者）、そして（2）**体験を提供する様々な「担い手」**（企業から個人事業主、地域のボランティアまで）、最後に（3）**体験を支える「社会」**（行政や連携するＮＰＯなど）だ。

以下では、これら「子ども」「担い手」「社会」という三者を念頭に置きながら、体験格差の是正に必要な施策の方向性を5つ提案していく。「社会」が現状を放置せず、「子ども」と「担い手」のそれぞれに対して適切なサポートをすることで、体験格差に抗うことができる。そのため、5つの提案の宛先は基本的に「社会」となる。

提案1：体験格差の実態調査を継続的に実施する
提案2：体験の費用を子どもに対して補助する
提案3：体験と子どもをつなぐ支援を広げる
提案4：体験の場で守るべき共通の指針を示す
提案5：体験の場となる公共施設を維持し活用する

すべての子どもに「体験」の機会を届けられる「社会」へと変わっていくためには、体験格差の現状を把握し、そのうえで「子ども」に対する支援と「担い手」に対する支援とをそれぞれ立案し、適切に組み合わせ、総合的に取り組む必要がある。

提案1：体験格差の実態調査を継続的に実施する

体験格差の現状やその変化の把握ができて初めて、適切な打ち手の企画や実行へとつながっていく。そのため、最初の提案は必然的に継続的な実態調査となる。

問題への取り組みとしては間接的に見えるかもしれないが、実態調査はあらゆる施策の土台として極めて重要だ。格差の是正を目的に何らかの政策を実施したとして、その効果を測るためにも、基礎的な調査が継続的に行われていることが前提となる。その調査がいまだ存在しない。私たちの全国調査も、最初の1回を行ったばかりだ。

当然のことだが、調査やその分析にはそれなりの費用と労力がかかる。今回の全国調査は非営利団体であるチャンス・フォー・チルドレンが民間の助成金を利用する形で実施した。しかし、今後継続的に大規模な調査を行っていくとすれば、それを誰が担うにせよ、調査にかかる費用はより公的な形で、つまり「社会」の責任で、賄われるべきだろう。

子どもへの経済支援

これまでたびたび確認してきた通り、子どもの体験格差の核心には家庭間、保護者間の経済的な格差がある。そのため、低所得家庭の収入が上昇し、経済的な格差が縮まれば、子どもの体験格差にも影響があるだろう。

そのうえで、子どもの「体験」に焦点を絞った経済的な支援には、大きく二つの方向性が考えられる。「子ども」(=個人)に対して直接的に支援するか、「担い手」(=事業者)に補助をすることで間接的に子どもを支援するかだ。いずれも大切な支援策だが、私としては、前者の個人補助をより拡充していくべきだと考えている。

提案2：体験の費用を子どもに対して補助する

例えば行政が一定の基準で選んだ団体やプログラムに補助をする場合、それを通じて低所得家庭の子どもが利用できる「体験」の場は増えるだろう。それは良いことだ。

しかし、補助の対象にならない「体験」の場については何も変わらない。依然として、保護者が自腹を切って子どもを通わせるか、あきらめるかを選ぶしかない。「担い手」への補助を通じた間接的な経済支援で広がる選択肢は、限定されたものにならざるを得ない。

反対に、「子ども」（実質的には保護者）に対して直接的に補助をすれば、子ども自身が自分のやってみたい「体験」の場を選ぶことができる。習い事の月謝やプログラムの参加費などに柔軟に利用できる。

問題の本質は、子どもが参加する「体験」を誰が選ぶかにある。低所得家庭の子どもにはこんな「体験」が良いはずだと「社会」の側が決めてしまうのか。それとも、「子ども」自身がやってみたいことを見つけていくのか。

東北の被災地で私たちの支援を受け、地域の打楽器教室を選んで小学校5年生から高校卒業まで通い続けたある女性は、高校1年生の頃に次のように語っていた。

5年間、打楽器を続けたことは、私の心の拠り所になったと思います。嫌なことがあっても、演奏に夢中になると、心が解放されて、またがんばろうという気持ちになれました。特にマリンバが大好きで、自分の気持ちを表現できる楽器だなあと思っています。これからも技術を磨き、更に色んな素敵な曲を演奏できるようになりたいです。

最近では、「体験」に関わる各分野の非営利団体などの中からも、寄付金や民間の助成金を原資に、子どもに対して直接的に経済支援を行うケースが出てきている。

認定NPO法人 love.fútbol Japan は、経済的困難を抱える子どもたちがサッカーを楽しめるよう年間約5万円の奨励金を提供し、サッカー用具の寄贈等も行っている。一般社団法人日本アウトドアネットワークでは、ひとり親家庭の子どもに対して、自然体験プログラムへの参加費の一部を支援する制度を開始した。

私たちチャンス・フォー・チルドレンでも、低所得家庭の子どもたちが「体験」に利用できる奨学金（クーポン）の提供を2022年に開始した。クーポンを受け取ることが決まった子どもたちは、地域にあるいくつかの「体験」を試しながら、自分に合った「体験」を選び始めている。

今後は、民間資金だけに頼らず、国や自治体の政策として「体験」の費用を補助していくかの議論が必要になる。

例えば、すべての小学生に対して月に5000円（年間6万円）を補助した場合、必要な予算は3600億円ほどになる。全体の1割強に及ぶ相対的貧困家庭の小学生に限ればおよそ400億円だ。国が実施する高等学校の授業料無償化施策（高等学校等就学支援金制度）の令和6年度予算が約4000億円であることを考えると、決して実現不可能な金額ではない。

実際に、行政による「体験」にかかる費用の支援は、自治体のレベルで少しずつ始まっている。

長野県長野市では、主に「体験」に利用できる電子クーポンを市内に住むすべての小中学生に提供する実証事業が始まった。チャンス・フォー・チルドレンも協働している。クーポンは地域のスポーツや文化芸術、アウトドアなど811のプログラム（2024年1月時点）で利用でき、選ぶのはあくまで「子ども」の側だ。なお、現金給付ではなくクーポンが採用されているのは、政策の目的に沿って、資金の使途を子どもの「体験」や学びに限定しているからだ。

体験と子どもをつなぐ

第一部で見た全国調査や第二部のインタビューから明らかになった通り、「体験」の壁はお金だけではない。送迎や付き添いの問題があり、親自身の価値観なども関わる。そのため、子どもの体験格差を是正するには、経済面以外の施策も必要になる。

第一部での整理を振り返ると、低所得家庭のうち、少なくとも一つの「体験」を子どもにさせている家庭が7割だった。これらの家庭には、経済的な支援が有効だろう。逆に、「体験ゼロ」になっている残り3割の家庭、特にその中でも保護者がそもそも子どもに「体験」の機会を与えたいと強くは思っていない可能性がある2割の家庭については、経済的な支援以外のアプローチとの組み合わせを検討することが極めて重要だ。

これらは総じて、体験と子どもを「つなぐ支援」と言える。

提案3：体験と子どもをつなぐ支援を広げる

「つなぐ支援」としてまず提案したいのが、数ある「体験」の場とそれぞれの子どもとをきめ細やかにつなぐ役割を果たす「コーディネーター」を配置することだ。

コーディネーターは、子どもとの遊びや会話を通じてその子自身の興味関心や望みを捉え、親との面談を通じて家庭の抱える事情をキャッチする。そうして得られる細かな情報が、一人ひとりの子どもに合う活動や教室の提案につながる。子どもたちと利用先の講師やコーチとの相性も重要だ。いくつかの活動を実際に体験してみたうえで、実際にどの習い事やクラブに入るかを決めるといった仕組みも構築できれば、なお良いだろう。

先に触れた長野市の実証事業では、子どもにクーポンを提供するだけでなく、地域に根差したNPOなどがコーディネーターとして様々な体験の場の発掘、体験の場の新規創出の支援（公共施設などの活用）、子どもに対する利用先の提案といった役割を担っている。そこまで含めて予算に組み込まれている点が画期的だ。

これまで障害者支援、経済的に困窮した若者やシングルマザーの居住支援などに携わってきた石黒繭子《いしぐろまゆこ》さんも、長野市でコーディネーターとして活動を始めた一人だ。困難を抱える家庭や子どもであるほど、コーディネーターの役割がより重要になってくると言える。

小学校の低学年などまだ幼い時期には、自分が何をしたいのかという確固たる対象が定まっていなくても不思議ではない。だからといって、「大人が代わりに決めてあげれば良い」のでもない。一人ひとりの子どもが参加する「体験」は子ども自身が選べるべきで、その子ども自身の選択に寄り添い、サポートするのがコーディネーターの仕事ということになる。コーディネーターの役割はあくまで「つなぐ」こと、そのために必要な機会と情報を子どもや保護者に対して提供することだ。

コーディネーターには、情報の壁を下げることも期待される。地域で様々な「体験」を提供する小規模な「担い手」の存在は概して見えづらい。看板も出さずに自宅の一室でピアノを教えている教室、公民館の掲示板で部員を募集しているダンスサークルなど、ネットでは見つけられない場合も多い。

親同士のコミュニティを通じて口コミで情報を得られる人はまだ良いが、そこにはつながっていない保護者も少なくない。むしろ、困難を抱える家庭ほど地域で孤立している場合が多いのではないか。だからこそ、地域にどんな「体験」の場があるかに精通したコーディネーターが必要になる。

そもそも「体験」に対する補助の制度を構築しても、必要な人に情報が届きにくいという課題もある。そこでコーディネーターは、学校などでチラシを配布するなどの一律的な形にとどまらず、個々の事情に合わせて丁寧に対応を行う。行政や地域の福祉機関、ソーシャルワーカー、NPO等と連携して、制度利用の働きかけを行うことも重要な役割だ。

さらに「つなぐ支援」の一つとして、送迎や付き添いの支援も忘れてはならない。小学生などの幼い子どもや障害のある子どもの場合、子どもだけでは移動することが難しく、大人のサポートが必要になる。それを親や祖父母といった家族が担える場合もあるが、できない場合もある。具体的にはひとり親家庭や多子世帯、未就学児や要介護者のいる家庭などだ。

こうした家庭の子どもたちを「体験」の場へとつないでいくためには、既存の制度であるファミリーサポートの更なる充実や利用促進に加えて、行政による送迎手段の提供、タクシー会社やバス会社など地域の交通機関との連携といった取り組みを検討し、それぞれの地域の実情に合わせて網の目のように構築する必要があるだろう。また、「体験」に関わるサポートをする中で「体験」にとどまらない生活上の課題が見えてきた際には、地域の社会資源につないでいくこともコーディネーターの役割の一つだ。

体験の場を支える

改めて言うまでもないことだが、指導者によるハラスメントや不適切な安全管理などによって、「体験」の場で子どもたちの権利が侵害されるということはあってはならない。コーディネーターが置かれた場合、かれらはそうしたリスクのある利用先に子どもたちをつなぐべきではない。

提案4：体験の場で守るべき共通の指針を示す

子どもに「体験」を提供するすべての大人が守るべき共通指針やルールを打ち立てる必

要があるだろう。国際NGOの中には、「セーフガーディング・ポリシー」という形で子どもと関わるスタッフが必ず遵守しなくてはならない項目（虐待や差別の防止、問題発生時の報告や再発防止など）を定め、支援を受ける側の子どもたちに対して自身の安全や尊厳、権利について教えている団体もある。

こうした考え方が、「体験」支援の現場においても必要ではないだろうか。体験の「担い手」である団体やその指導者、保護者や子どもたちに対して、守られるべき指針を示し、子どもの権利について学ぶ機会やツールを提供する。

権利侵害や事故をできるだけ予防しつつ、万が一のことがあった際の対応方針を策定することも重要だ。様々な困難を抱える家庭の子どもを受け入れるうえで必要になる知識や理解の底上げもなされるべきだろう。

ただし、それぞれの「担い手」はあくまで、個別の事業者や個人、その集まりであり、行政やNPOが一方的に管理するような対象ではない。しかし、例えば先に触れた体験の費用に活用できるクーポンの利用先に選定される条件として、行政やNPOが一定の指針の遵守を求めるという形はあり得るだろう。

また、コーディネーターが親や子どもとつながりを持つことで、指導者らによる人権侵害のリスクが抑制され、それが起きた際に発覚しやすくなるといった効果も期待したい。

提案5：体験の場となる公共施設を維持し活用する

全国各地の児童館や公民館、青少年教育施設（青少年自然の家など）は全国的に減少傾向にある。しかし、これらの公共施設は市民が無償または安価に利用でき、地域のボランティアやNPOなどによるスポーツ・文化活動や子ども会、野外教育などの活動を陰から支えてきた。

公共施設自らが行う各種の講座やイベントなども、多くの親子に開かれた貴重な場だ。だからこそ、子どもの「体験」を支える公的なインフラの維持、そして更なる活用を提案したい。

青年の家や少年自然の家は、国の補助を得て、1960〜1970年代前後に全国各地で設置されてきた。だが、少子化に伴う利用人数の減少による財政事情の悪化や、施設の老朽化と修繕費用不足などの事情が相まって相次いで廃止されている。

青少年教育施設全体では、ここ約25年間で450ヵ所以上が減少している（グラフ23）。廃止されたのち民間企業に売却される事例もある。民間のグランピング施設になり、高所得者向けのアウトドアサービスを提供する話も出てきている。

公共施設の減少は、子どもたちが安価に参加できる「体験」の機会を奪い、体験格差を

グラフ23 青少年教育施設数の推移

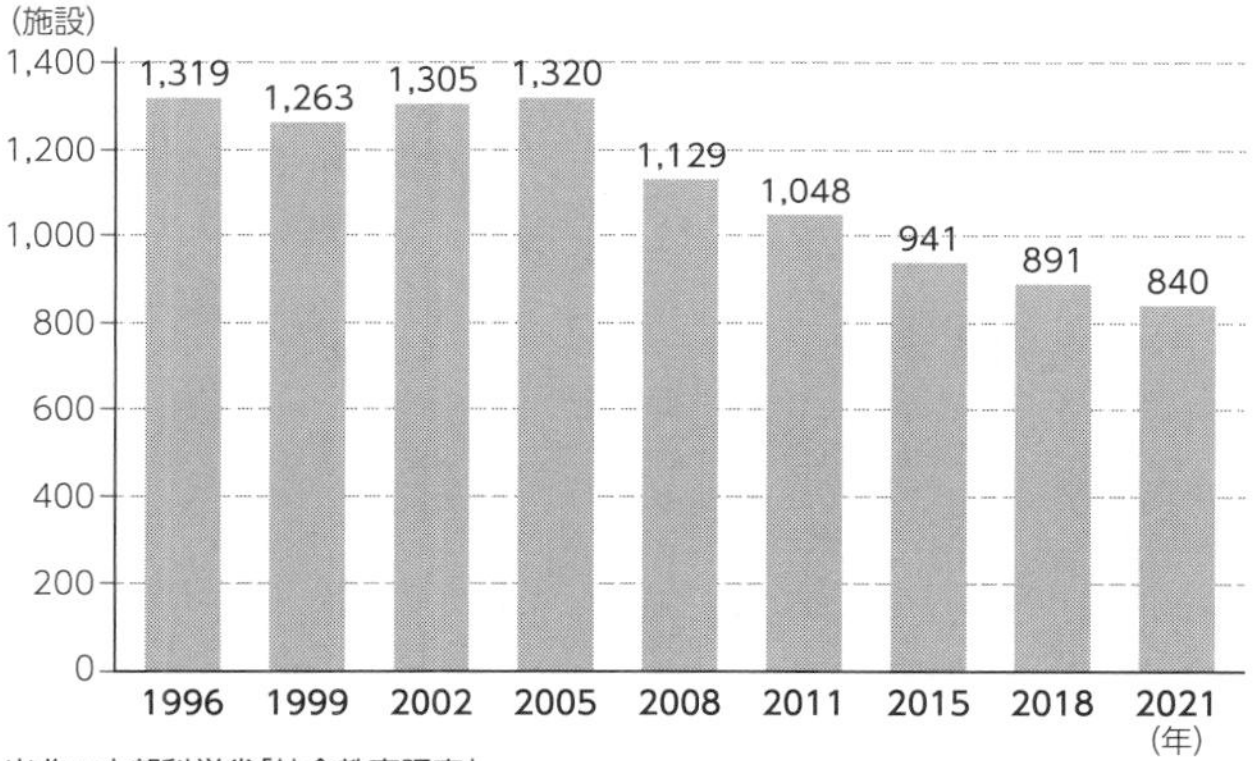

出典：文部科学省「社会教育調査」

ますます広げることにもつながりかねない。特に青年の家や少年自然の家は、大人数の受け入れが可能なため、学校が主催する野外体験や宿泊行事などで利用されている。これらの施設が廃止されることで、公教育の中で行う体験機会も減少しかねない。

子どもたちにキャンプ等の体験活動のプログラムを提供する認定NPO法人夢職人の理事長の岩切《いわきり》準《じゅん》さんは次のように語る。

キャンプを実施できる公共施設が毎年減少しています。そのため、数少ない施設に団体が集中し、利用ができなくなるといったことも起きています。民間の施設もありますが、そこを使えば参加費が高騰し、参加できない家庭が増えてしまう。「体験」のすそ野を広げるどころか、狭めてしまうわけです。

子どもの「体験」を保障していくためには、こうした流れをそのままにせず、既存の公共施設を維持し、活用する方法を議論していく必要があるだろう。

東京都墨田区では、閉校となった第五吾嬬《あづま》小学校の跡地に、小学校の校舎や体育館などの建物を残し、活用しながら、地域コミュニティの拠点を開設した。現在そこでは総合型地域スポーツクラブの「スポーツドアあずま」が、様々な運動やスポーツのクラスを、地域の子どもたちに対して低廉な価格で提供している。

加えて、注目したいのが児童館や公民館が持つ潜在的な可能性だ。これらの社会教育施設の職員の中には、子どもたちの見守りに関わることを通じて、一人ひとりの置かれた状況や興味関心を把握している方も少なくない。子どもたちが気軽に参加できるイベントなどを企画し、新たな関心を引き出そうとしているケースもある。

このように、全国各地にある児童館や公民館は、公共の施設として外部に「体験」の場を提供するだけでなく、地域の様々な「体験」の場とつながりを深め、子どもや親との間でコーディネーターに近い役割を果たす可能性も秘めているのではないか。

2. 誰が体験を担うのか

小さな担い手たち

子どもの体験格差に抗い、是正するための5つの提案を見てきた。その提案はすべて「社会」に対して向けられたものだ。

だが重要なことに、最終的に現場で子どもに「体験」を提供するのは一人ひとりのコーチであり、講師であり、指導者である。つまり、大人たちだ。親子や家族という関係性ではない大人たちが、同じ社会で暮らす子どもたちに「体験」を伝える。かれらがいなければ、体験格差を是正しようとする社会的な試みはほとんど意味をなさないだろう。

例えば、ドイツでは日本のＮＰＯに似たフェアアイン（Verein）と呼ばれる主に非営利の組織が60万以上も存在し、子どもたちの「体験」のあり方にも深く関わっている。

フェアアインとは、同じ趣味や目的を持つ市民たち自身が団体をつくり、その活動を行政も助成金や税制といった資金面などからバックアップするような仕組みだ。教育学者の藤井基貴《ふじいもとき》氏によると、こうした政府と市民との関係性は「補完性の原理」に根ざしているという。

サッカーのフェアアイン、釣りのフェアアイン、音楽のフェアアインと、多種多様なフェアアインが存在し、複数のスポーツができるようなフェアアインもある。一人が複数のフェアアインに参加することも少なくないという。なお、ドイツのプロサッカーではハンブルガーSVなど名前に「SV」とついているクラブも少なくないが、これもシュポルト・フェアアイン（スポーツのフェアアイン）を略したものだ。

ドイツの人口は8000万人台で日本より少ないが、60万以上というフェアアインの数は、日本のNPO法人の総数である5万に比べてかなり多い。なお、総務省による経済センサスでは、スポーツや音楽、書道などを含む「教養・技能教授業」の事業所数が7万強となっている（このうち、従業者数一人の事業所が半数以上、一～四人以下の事業所が8割以上を占める）。

いずれにせよ、ドイツと日本とを比べると、ドイツではより多くの非営利組織が、そして地域の多くの大人たちが、子どもたちの「体験」に関わっていそうだ。

もちろん、日本にもこうした「小さな担い手」と呼べるような人々がいないわけではない。地域で「体験」の機会を提供する小規模な事業者の中には、事業の継続や利益だけを求めるのではなく、社会への貢献や多様な子どもたちのサポートを志向する方々が確かに存在する。

自身が生まれ育った東京都墨田区で10年ほど前から「る・みゅう音楽教室」を運営し、

ピアノとオーボエを教えている加古文子《かこふみこ》さんがその一人だ。
彼女自身、二人の子どもを育ててきたシングルマザーでもある。自らの子どもたちの発達障害や不登校に悩んだ経験、経済的な厳しさゆえに子どもに音楽を習わせるのを断念せざるを得なかった経験などから、「誰もが心地よく通える教室を」との願いを込めて音楽教室を開いたという。そのため、月謝は5000円に抑えている。

うちみたいに暴れちゃう子や小さい子がいても通いやすい教室があればいいなと思ったんですよね。それで、自分で実現してみようかなと。だからうちの教室は、妊婦さんでも赤ちゃんでも、元気のいい子でもおとなしい子でも、どんな子でも心地よく通える場所になればいいなと思って。

そう話す加古さんの教室には、ピアノを弾く部屋とは別に、子どもたちが自由におもちゃで遊んだり、保護者がソファでくつろいだりできる部屋も設けられている。加古さんはここで音楽を教えるにとどまらず、子どもたちから悩みを聞いたり、親たちからの子育ての相談にも乗ったりしているという。
加古さんのような存在は、子どもの福祉や格差解消という視点からは少し見えにくい。

どうしても行政やNPO、ボランティアなどに目が行ってしまいがちだ。

しかし、現実には、子どもたちにとって、保護者たちにとって、加古さんのような存在が助けになっている事例と数多く出会ってきた。わかりやすい「支援」の文脈にはつながっていないが、実際は地域の小さな「体験」の場で色々な形で支えられているという人々は数えきれないほどいるはずだ。

非営利のフェアアインに近い社会的なモチベーションで事業に取り組んできた人々はほかにもたくさんいる。例えば、沖縄県那覇市で空手教室「究道館《きゅうどうかん》 緑川道場」を営む緑川《みどりかわ》徹也《てつや》さんを紹介したい。

緑川さんは本業の映像制作業の傍ら、毎週土曜日に夫婦で空手道場を開き、子どもたちに沖縄空手の指導をしている。月謝は3000円。教室に通う子どもの中には、家庭に複雑な事情を抱えている場合もある。

「僕は自分のことを、子どもたちをわが子のように見守る〝近所のおっちゃん〟のような存在だと思っている」と話す緑川さんは、「どんな子であっても分け隔てなく接する」ことと、そして「決して距離感を空けすぎず必要なところで手を差し伸べる」ことを大切にしているそうだ。生徒たちの送迎を手伝ったり、LINEで親や子どもからの悩み相談に応じたりもしている。

加古さんはフルタイムでピアノ教室を運営しているが、緑川さんのように別の本業を持ちつつ「体験」の場を副業的に営む人々もいる。かれらのような人たちが、日本中の様々な地域に、きっといるはずだ。読者の中にも、自分が暮らす地域の「加古さん」や「緑川さん」が思い浮かぶという人が多くいるだろう。

自分の暮らす地域で

しかし、重要なことに、「る・みゅう音楽教室」や「緑川道場」のような場はおそらく全国的に減少傾向にある。総務省統計局の調査によると、「教養・技能教授業」の事業所数が軒並み減少していることが推察できる（単純計算で、２００１年から２０２２年にかけて全体でおよそ17％減）。

すべての子どもたちに分け隔てなく「体験」の機会を届けようとする社会にとって、この状況は逆風と言っていいだろう。いわゆる「部活の地域移行」を含めて、これまで学校が担ってきた機能を地域へ受け渡していくような動きもある中では、学校にさらなる役割を期待するのも現実的でない。

だとすれば、私たちにはそれぞれの街で、地域で、子どもたちに豊かな「体験」の場を提供する人々がこれまで以上に必要であり、加古さんや緑川さんのような「小さな担い手」

たちを社会として支え、かれらと低所得家庭の子どもたちを結びつける方法を模索する必要がある。

ここで先ほどの5つの提案を再び思い起こしてほしい。そこには「体験」の費用を子どもに対して補助することや、「体験」と子どもをつなぐ支援の拡大などが含まれていた。あるいは、様々な「体験」の場をより安全にするための取り組み、公共施設の活用も含まれていた。これらは地域で「体験」を担おうとする大人たちを直接的、あるいは間接的に支えるだろう。もちろん、ピアノや空手がしたい子どもたちのことも支えるだろう。

例えば、緑川さんが空手教室の月謝を低所得家庭の子ども全員に対してまったくの無料にすることは難しいし、持続可能でもない。しかし、子どもたちが利用できるクーポンなどの仕組みをつくり、その対象に「緑川道場」が含まれていれば、個人ではなく社会として、子どもたちの「体験」を支えることができる。あるいは、別の大人が自分の得意や経験を活かしながら緑川さんのような活動を新たに始めることも容易になるだろう。

そして、地域の様々な教室やクラブにつながるコーディネーターがいれば、その子の気持ちに寄り添いながら、より相性の良い「体験」の場とつなぐことができる。何かを「体験」する中で、子どもにもっとやりたいものが見つかれば、別の「体験」を提案することもできる。

最後に、少しでも具体的なイメージを持ってもらえるように、私たちチャンス・フォー・チルドレンが東京都墨田区の周辺で始めた取り組みを紹介したい。

私たちは、一方では墨田区やその近辺に存在する「体験」の場を一つずつ探し、お話を伺い、理念に共感いただけた場合は協働を提案してきた。地域を歩き回るたびに、新たな「加古さん」や「緑川さん」との出会いがあった。ネット検索では出会えないことも多かった。口コミを頼りに新たなつながりを得る、それこそがローカルの現実ではないかと思う。

もう一方では地域の学校や福祉関係者の方々と連携しながら、低所得家庭の小学生たちにつながり、体験に利用できる奨学金（クーポン）を提供してきた。そして、個々の子どもの希望に沿って、ある子はキャンプや野外活動へ、ある子は絵画教室へ、ある子はスポーツ教室へと参加できるようになった。

こうして、墨田区では私たち自身がコーディネーターの役割を担い、地域にある資源を探し出し、それを必要とする子どもたちへとつなぎ始めたところだ。重要なのは、このように人、お金、情報がめぐる豊かなエコシステムを、それぞれの地域ごとに時間をかけて育てていくことではないだろうか。何もせずに放っておけば、かつてあった環境はゆっくりと、あるいは急速に失われていくかもしれない。だからこそ、できるだけ早めに手を打

図2　地域に広がる「体験」の場

（墨田区周辺、2023年5月時点でチャンス・フォー・チルドレンと協働）

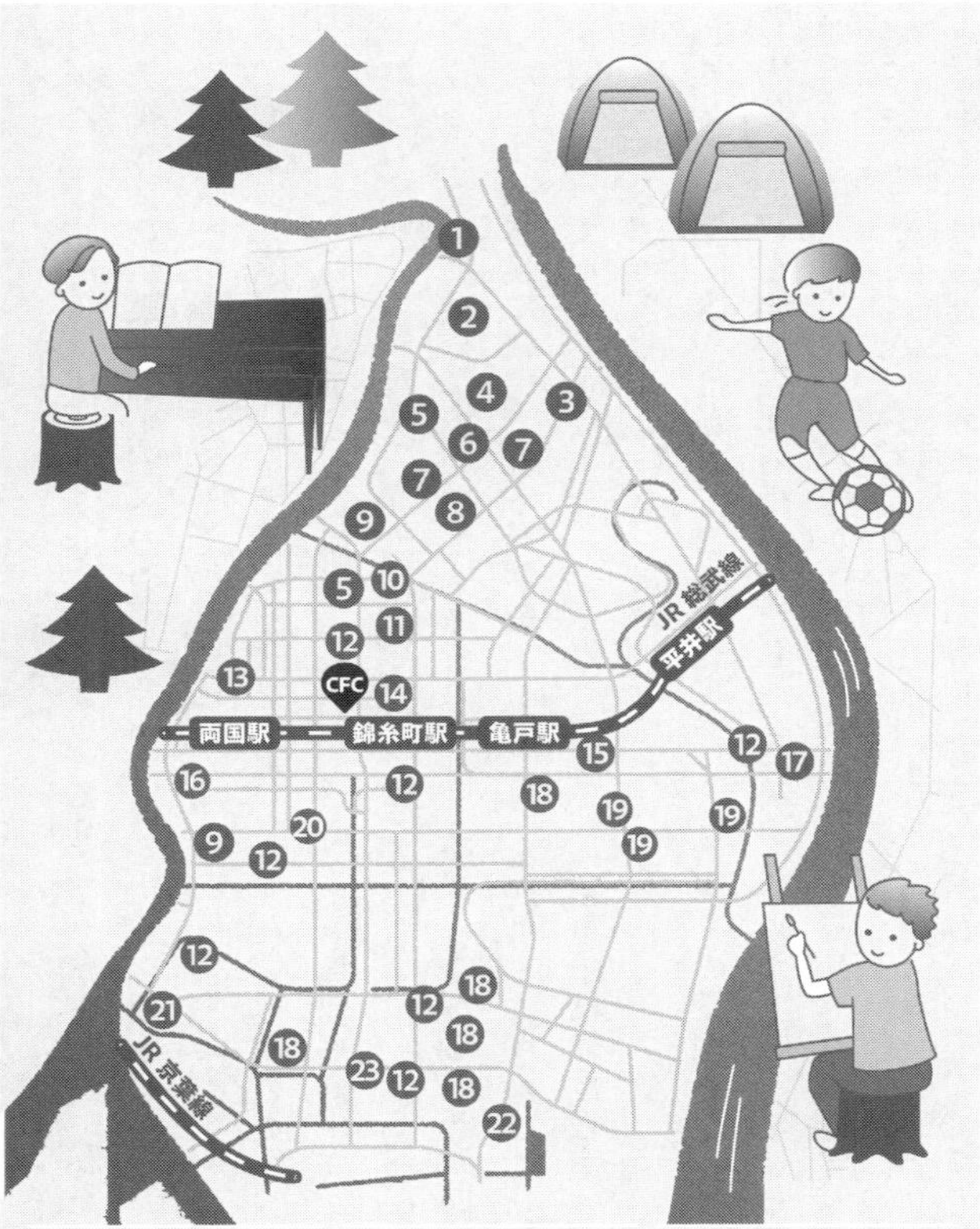

1 墨田区総合運動場	2 あや子音楽教室	3 スポーツドアあずま
4 渡部音楽教室	5 CFAKids（Chance For All）	6 すみだ生涯学習センター（ユートリヤ）
7 MAT音楽教室	8 興望館	9 己書 楽書道場
10 SSK	11 秀雪書道教室	12 biima sports
13 る・みゅう音楽教室	14 夢を叶える音楽教室	15 夢職人
16 ほくさい音楽博（トッピングイースト）	17 Music of Vienna	18 ドリームミュージック
19 おおぬきピアノ教室	20 こども絵画造形教室 あとりえおひさま	21 ピアノ教室ぽこあぽこ
22 音楽の庭ドルチェ・ムジカ	23 DIME Basketball School	CFC チャンス・フォー・チルドレン事務局

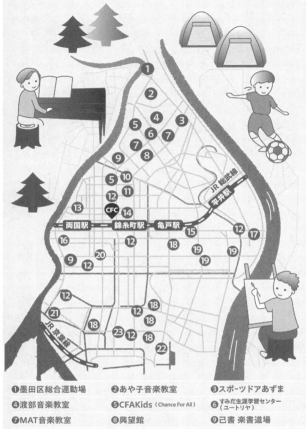

ち、体験格差に抗える地域づくりを始める必要がある。

私がこれまで日本中の様々な地域で出会ってきた「小さな担い手」の方々には、子どもたちに「体験」の機会を届けたい、楽しさを伝えたい、「体験」を通じて人生の中で大切な何かを手にしてほしい、そんな思いが共通していた。多様な子どもたちの個性や特性が尊重される社会のためにこそ、できるだけ多様な大人が子どもの「体験」に関わり、自分の好きなことや得意なことを伝えていくことが大切だ。

すべての子どもにとって「体験」は必需品であり、贅沢品ではない。だからこそ、体験格差は子ども自身や親、家庭の力へと放置されるべきではなく、社会全体で抗う必要がある。私たちには、それぞれが一人の大人として、自分の暮らす地域の中で、体験格差に小さく抗うこともできる。「体験」を担っていくことができる。そんな社会も、きっとつくれるはずだ。

おわりに

2022年12月15日。文部科学省で記者会見を行い、全国初の「体験格差」実態調査の速報値を発表した。「低所得家庭の小学生の約3人に1人が1年間体験ゼロ」という調査結果は、当日中に多くのテレビや新聞などで報道された。

長年にわたり光が当たってこなかった「体験格差」という課題が世の中にどのように受け止められるのか。正直なところ不安な気持ちが大部分を占めていた。だが、報道を見た現役の子育て家庭や元当事者、子ども支援の関係者たちをはじめ、多くの人々がSNS等で「体験格差」の解消を訴えてくれた。思いを同じくする方々の存在に勇気をいただいた。あれから1年以上が経ち、「体験格差」という言葉をメディアで目にする機会が増えたように感じる。小さいながらも社会が一歩前に進んだことを実感している。

しかし、「体験格差」の議論に積極的に参加している人々の多くは、子どもと直接関わる人たちに限られているというのが現状だ。「体験格差」を私たち社会の課題として捉え、解決を目指していくには、より多くの人たちに議論に参加してもらわなくてはならない。本書の執筆を決意したのは、まさにそのためだ。

一方、「体験格差」に関する認知を広げるだけでは、この問題は解決しない。解決策が提示されないままに、過度に子育て家庭の不安を煽ることになれば、結果として経済的に豊かな家庭はさらに子どもの体験にお金や時間を投じ、格差を広げることにもなりかねない。だからこそ、「体験格差」という課題を必要以上に大きく見せたり、逆になきものとして扱ったりするのではなく、データや当事者の声から見えてくる課題の実情を捉え、具体的な解決策や今後の論点を提示することで、社会全体で課題解決に向けた議論を深めていくための土台をつくりたい。そんな思いで、本書を書き進めてきた。

＊＊＊

なぜ私は「体験格差」の解消に取り組むのか。原点は、学生時代に遡る。

学生時代にボランティア活動をしていたNPO法人ブレーンヒューマニティーの当時の代表の紹介で、とあるキャンプにスタッフとして参加した。そのキャンプは、ある施設で行われ、不登校や引きこもりなどの状態にある青年期の若者が数週間にわたり共同生活をするというものだった。

そこで出会った若者の一人は、参加した初日の頃は、喜怒哀楽などの表情がまったく見えなかった。運営に関わる職員さんに話を聞くと、「彼は、幼い頃から不登校状態で、長きにわたり人や社会とのつながりを持てなかったんだよ」と言う。

参加者の中には、学校や職場、家庭などの人間関係につまずき深い傷を負っていたり、発達障害や疾患などを抱えている人もいた。

個別の状況は異なるが、いずれも本人だけの力ではどうすることもできない事情によって、人や社会とのつながりを断たれてしまっていた。そんな若者たちが「今の状況を変えたい」という思いで、勇気を振り絞って参加していたのが、そのキャンプだったのだ。

普段は昼夜逆転状態にある参加者もいたが、共同生活では、早朝に起きて、一緒に朝食と昼食のお弁当をつくる。そして、朝から出向き、地域の福祉施設や、NPOでボランティアとして働く。

夜の振り返りの時間では、「施設の利用者さんからこんな声をかけてもらい嬉しかった」といった具合で、一人ひとりがその日に「体験」したことを参加者同士で話し合う。

働くこと。地域の様々な人と出会うこと。人と共同で生活すること。一緒に料理をしたり食事をとったりすること。自然の中で過ごすこと。

参加者たちは、キャンプでの様々な「体験」を通じて湧き起こった自分の感情を他者に受け止めてもらうことで、ありのままの自分を肯定する感覚を得て、少しずつ自信を取り戻していったようにも見えた。表情がなかった彼も、時間の経過とともに、だんだん表情が見えてくるようになった。キャンプ後にアルバイトを始めた若者もいたようだ。

当時の自分はスタッフとして力不足で、失敗もたくさんした。しかし、そこで「体験」には、人が本来持っているその人らしさと可能性を引き出す力があることを学んだ。何歳になってからでも、「体験」を一つひとつ積み重ねることでそれは可能だと今も信じている。

困難を抱える青年期の若者たちの姿をこの目で見てきたからこそ、私は子ども時代の「体験格差」をなくし、子どもや若者が生きやすい社会をつくりたいと思っている。

＊＊＊

最後に、私たちが取り組み始めた新たな挑戦についても紹介させていただきたい。

私たちは、２０２１年より、「体験格差」の問題に本格的に取り組むことに決め、２０２

2年に新たなプロジェクト、子どもの体験奨学金事業「ハロカル」をスタートさせた。経済的な困難を抱える家庭の子どもたちに、スポーツや文化芸術などの習い事やクラブ活動、キャンプなどの体験活動の費用に利用できる奨学金（クーポン）を提供するとともに、地域で活動する「コーディネーター」が、子どもたちと地域の体験活動をつなぐ役割を担う。本書の最後に紹介した東京都墨田区周辺地域のほかにも、全国のいくつかの地域でプロジェクトが始動しており、各地の「コーディネーター」たちと協力しながら日々活動している。

「ハロカル」という名前には、「ハロー・カルチャー（＝文化や体験との出会い）」「ハロー・ローカル（＝地域の大人との出会い）」という二つの意味が込められている。子どもたちが「やってみたい」と思う体験ができる。それだけでなく、体験を通じて子どもたちが地域で活動する大人たちと出会いつながっていく。体験をきっかけに、地域で子どもたちを見守り支える環境をつくりたい、そんな思いで「ハロカル」を立ち上げた。

先日、「ハロカル」を利用して地域のクラブ活動に参加している家庭の保護者の方が「子どもたちにとってクラブでの活動が生活の一部になって、なんだか新しい居場所ができたような気がします」と話してくれた。別の保護者の方からは、大人と接することが苦手で挨拶もできなかった子が、ピアノ教室の先生と出会い大人と話すことができるようになったという話も伺った。「ハロカル」を通じて少しずつ、でも確実に、子どもたちと地域の新しい接点が生まれていることを感じる。

新しいチャレンジはまだ道半ばだが、全国に仲間を増やし、「体験」を通じて子どもたちを地域社会で包摂することのできる環境をつくっていきたい。

謝辞

本書を執筆するにあたっては、多くの方にお力添えいただきました。ご協力いただいた皆様には、この場で心からの感謝をお伝えします。

まずは、第二部でのインタビューにご協力いただいた皆様に。お仕事や子育てでお忙しい中、それぞれ1時間以上に及ぶインタビューに応じていただきました。本書をつくり上げることができたのは、大切なお話を聞かせてくださった皆様のおかげです。

体験格差の問題を考えるうえでお話を聞かせていただいた、NPO法人 Chance For All の中山勇魚さん、一般社団法人SSKの須藤昌俊《すどうまさとし》さん、認定NPO法人 love.fútbol Japan の加藤遼也《かとうりょうや》さん、NPO法人ブレーンヒューマニティーの松本学《まつもとまなぶ》さん、NPO法人沖縄青少年自立援助センターちゅらゆいの金城隆一さん、今木《いまき》ともこさん、公益財団法人みらいファンド沖縄の平良斗星さん、國學院大學の青木康太朗《あおきこうたろう》先生、静岡大学の藤井基貴先生。子ども支援や体験活動、市民活動、研究の一線で活躍する皆様から、多くの学びをいただきました。このほかにも、各地の公民館や児童館、子どもの居場所を運営している方々をはじめ、多くの方にお話を伺わせていただきました。

体験格差の解消を目指し、ともに汗を流して活動に取り組んでくださっている「コーディネーター」の皆様にも、ここで改めてお礼をお伝えしたいと思います。特にNPO法人チャリティーサンタの清輔夏輝《きよすけなつき》さん、河津泉さん、しんぐるまざあず・ふぉーらむ沖縄の秋吉晴子さん、NPO法人TEDICの鈴木平さん、一般社団法人日本アウトドアネットワーク／みんなのアウトドアの原田順一さんには取材にもご協力いただき、体験格差の問題を考えるうえで大切な視点をいただきました。長野市の事業でコーディネーターを担ってくださっているNPO法人長野県NPOセンターの阿部今日子《あべきょうこ》さんと石坂《いしざか》みどりさん、合同会社キキの九里美綺《くのりみき》さん、株式会社ククリテの石黒繭子さん、そして山本大輔《やまもとだいすけ》さん、これからも一緒にがんばりましょう。

地域で体験を支えてくれている「担い手」の皆様にも、心からの感謝を。なかでも、る・みゅう音楽教室の加古文子先生、究道館　緑川道場の緑川徹也先生、スポーツドアあずまの皆様には、取材にもご協力いただきありがとうございました。

このほかにも、本書に名前が出てきていない多くの方に、この場を借りてお礼をお伝えさせていただきます。ご寄付を通じて実態調査やハロカルの立ち上げを支えてくださった「みてね基金」の皆様、調査設計や分析にご協力いただいた三菱ＵＦＪリサーチ＆コンサルティング株式会社の小林庸平《こばやしようへい》さんと喜多下悠貴《きたしたゆうき》さん、いつも私たちの活動を支えていただき感謝の念に堪えません。

また、私たちが「体験格差」の問題に取り組むきっかけをくださった、ＩＩＨＯＥの川北《かわきた》秀人《ひでと》さん、走林社中の桜井義維英《さくらいよしいえ》さん、いつも活動を見守っていただきありがとうございます。

そして、本書の企画から執筆・編集を全面的にサポートいただいた望月優大《もちづきひろき》さんと講談社の佐藤慶一《さとうけいいち》さん、お二人の力がなければ本書を世に出すことは到底できませんでした。本当にありがとうございました。

最後に、チャンス・フォー・チルドレンのスタッフに加え、いつも支えてくれている共同代表の奥野慧《おくのさとし》、役員（理事・監事）の岩切準さん、鈴木栄《すずきさかえ》さん、水谷衣里《みずたにえり》さん、藤井美明《ふじいよしあき》さん、保木祥史《ほきよしふみ》さん、学生時代からの恩師でもある能島裕介《のじまゆうすけ》さん、そしてチャンス・フォー・チルドレンの活動に関わってくださっている皆様に心からの感謝を！

本書の印税は公益社団法人チャンス・フォー・チルドレンを通じて「体験格差」の解消に向けた活動に充てさせていただきます。

参考文献

書籍・論文

阿部彩『子どもの貧困――日本の不公平を考える』岩波書店、2008年。

稲葉陽二『ソーシャル・キャピタル入門――孤立から絆へ』中央公論新社、2011年。

小塩真司『非認知能力――概念・測定と教育の可能性』北大路書房、2021年。

片岡栄美『趣味の社会学――文化・階層・ジェンダー』青弓社、2019年。

釜崎太「ドイツの市民社会とブンデスリーガ――共的セクターとしての非営利法人の機能」『スポーツ社会学研究』29巻2号、pp.47-60、2021年。

経済協力開発機構（OECD）編著（無藤隆・秋田喜代美監訳）『社会情動的スキル――学びに向かう力』明石書店、2018年。

近藤卓『乳幼児期から育む自尊感情――生きる力、乗りこえる力』エイデル研究所、2015年。

清水紀宏『子どものスポーツ格差――体力二極化の原因を問う』大修館書店、2021年。

高松平藏『ドイツの学校にはなぜ「部活」がないのか――非体育会系スポーツが生み出す文化、コミュニティ、そして豊かな時間』晃洋書房、2020年。

露口健司編『ソーシャル・キャピタルと教育――「つながり」づくりにおける学校の役割（叢書ソーシャル・キャピタル）』ミネルヴァ書房、2016年。

デューイ・J.（市村尚久訳）『経験と教育』講談社、2004年。

橋本健二『東京23区×格差と階級』中央公論新社、2021年。

パットナム・ロバート・D.（柴内康文訳）『孤独なボウリング――米国コミュニティの崩壊と再生』柏書房、2006年。

フィールド・J.（佐藤智子・西塚孝平・松本奈々子訳、矢野裕俊解説）『社会関係資本――現代社会の人脈・信頼・コミュニティ』明石書店、2022年。

ブルデュー・P.（石井洋二郎訳）『ディスタンクシオンⅠ・Ⅱ』藤原書店、2020年。

松岡亮二『教育格差――階層・地域・学歴』筑摩書房、2019年。

森口佑介『子どもの発達格差――将来を左右する要因は何か』ＰＨＰ研究所、２０２１年。
吉川徹『学歴分断社会』筑摩書房、２００９年。
Covay, E. and W. Carbonaro (2010) "After the Bell: Participation in Extracurricular Activities, Classroom Behavior, and Academic Achievement", *Sociology of Education*, Vol. 83/1, pp. 20-45.
Durlak, J. A., R. P. Weissberg and M. Pachan (2010) "A meta-analysis of after-school programs that seek to promote personal and social skills in children and adolescents", *American Journal of Community Psychology*, Vol. 45, pp. 294-309.
Gordon, D., Adelman, L., Ashworth, K., et al. (2000) "Poverty and social exclusion in Britain", Research Report. Joseph Rowntree Foundation , York.
Gutman, L. M. and I. Schoon (2013) "The impact of non-cognitive skills on outcomes for young people. A literature review", Institute of Education, University of London, London.
Inui, T. and H. Okudaira (2022) "Parental Investment after Adverse Event: Evidence from the Great East Japan Earthquake", Discussion papers 22049, Research Institute of Economy, Trade and Industry (RIETI).
Whitehead, M. and F. Diderichsen (2001) "Social capital and health: tip-toeing through the minefield of evidence", *The Lancet*, Vol. 358/9277, pp. 165-166.

その他

青木康太朗「青少年の体験活動の現状と課題からみた子どもの健やかな成長と自立に必要なこと」 https://www.cas.go.jp/jp/seisaku/kodomo_seisaku_yushiki/dai2/rinji_siryou1.pdf
阿部彩「厚生労働科学研究費補助金政策科学総合研究事業（政策科学推進研究事業）日本における子どもの物質的剝奪指標の構築 平成28年度総括研究報告書」 https://mhlw-grants.niph.go.jp/project/25753
池迫浩子・宮本晃司（ベネッセ教育総合研究所訳）「家庭、学校、地域社会における社会情動的スキルの育成――国際的エビデンスのまとめと日本の教育実践・研究に対する示唆」https://www.oecd.org/education/ceri/FosteringSocialAndEmotionalSkillsJAPANESE.pdf

沖縄県「平成30年度沖縄県小中学生調査報告書」
https://www.pref.okinawa.jp/_res/projects/default_project/_page_/001/007/970/h30syotyutyosa-houkokusyo.pdf

片岡栄美「子どものスポーツ・芸術活動の規定要因――親から子どもへの文化の相続と社会化格差」、Benesse教育研究開発センター編『研究所報　学校外教育活動に関する調査報告書』。
https://berd.benesse.jp/berd/center/open/report/kyoikuhi/webreport/pdf/houkoku_kai_01.pdf

株式会社浜銀総合研究所（令和2年度文部科学省委託調査）「青少年の体験活動の推進に関する調査研究報告書」
https://www.mext.go.jp/content/20210908-mxt_chisui01-100003338_2.pdf

公益社団法人チャンス・フォー・チルドレン「子どもの「体験格差」実態調査最終報告書」
https://cfc.or.jp/wp-content/uploads/2023/07/cfc_taiken_report2307.pdf

公益財団法人日本財団、三菱ＵＦＪリサーチ&コンサルティング株式会社「コロナ禍が教育格差にもたらす影響調査」
https://www.nippon-foundation.or.jp/app/uploads/2021/06/new_pr_20210629.pdf

公益財団法人みらいファンド沖縄「沖縄・離島の部活動等派遣費問題白書」

厚生労働省「２０２１年国民生活基礎調査の概況」
https://www.mhlw.go.jp/toukei/saikin/hw/k-tyosa/k-tyosa21/index.html

国立青少年教育振興機構「発達段階に応じた望ましい体験の在り方に関する調査研究～「体験カリキュラム」の構築に向けて～（中間まとめ）」
https://koueki.net/user/niye/110362795-1.pdf

国立青少年教育振興機構「青少年の体験活動等に関する意識調査（令和元年度調査）報告書」
https://www.niye.go.jp/pdf/210719_02.pdf

公立大学法人大阪府立大学「大阪府子どもの生活に関する実態調査」
https://www.pref.osaka.lg.jp/attach/28281/00000000/01jittaityosahoukokousyo.pdf

首都大学東京子ども・若者貧困研究センター「東京都子供の生活実態調査報告書」
https://www.fukushi.metro.tokyo.lg.jp/joho/soshiki/syoushi/syoushi/oshirase/kodomoseikatsujittaityousakekka.html

総務省「ドイツのVerein（フェアアイン）についてのヒアリング概要」

https://www.soumu.go.jp/main_sosiki/kenkyu/community/pdf/070305_1_sa.pdf
総務省統計局「令和３年経済センサス活動調査」
https://www.stat.go.jp/data/e-census/2021/index.html
総務省統計局「平成13年事業所・企業統計調査」
https://www.stat.go.jp/data/jigyou/2001/index.html
東京大学社会科学研究所・ベネッセ教育総合研究所「子どもの生活と学びに関する親子調査２０２１ ダイジェスト版」
https://berd.benesse.jp/up_images/research/oyako_tyosa_2021.pdf
特定非営利活動法人国際協力ＮＧＯセンター「子どもと若者のセーフガーディング最低基準のためのガイド」
https://www.janic.org/workinggroup/wpcontent/uploads/sites/4/2020/05/4ba79ff51f689b2e946367337c001b77.pdf
特定非営利活動法人チャリティーサンタ「体験にみる子どもの貧困――３４５世帯の声からみえたこと～ひとり親家庭での体験活動を支えるために～平成31年度岡山市市民協働推進ニーズ調査事業」
内閣府「平成23年度親と子の生活意識に関する調査」
https://warp.da.ndl.go.jp/info:ndljp/pid/11646119/www8.cao.go.jp/youth/kenkyu/life/h23/pdf_index.html
ベネッセ教育総合研究所「学校外教育活動に関する調査２０１７」
https://berd.benesse.jp/up_images/research/2017_Gakko_gai_tyosa_web.pdf
文部科学省「平成30年度子供の学習費調査」
https://www.mext.go.jp/b_menu/toukei/chousa03/gakushuuhi/kekka/k_detail/mext_00102.html
文部科学省「令和３年度子供の学習費調査」
https://www.mext.go.jp/b_menu/toukei/chousa03/gakushuuhi/kekka/k_detail/mext_00001.html
文部科学省「社会教育調査」
https://www.mext.go.jp/b_menu/toukei/chousa02/shakai/index.htm
文部科学省「令和６年度文部科学省　概算要求等の発表資料一覧」
https://www.mext.go.jp/a_menu/yosan/r01/1420668_00001.html

講談社現代新書　2741

体《たい》験《けん》格《かく》差《さ》

二〇二四年四月二〇日第一刷発行　二〇二四年一二月一二日第七刷発行

著　者　今《いま》井《い》悠《ゆう》介《すけ》　© Yusuke Imai 2024

発行者　篠木和久

発行所　株式会社講談社

東京都文京区音羽二丁目一二―二一　郵便番号一一二―八〇〇一

電　話　〇三―五三九五―三五二一　編集（現代新書）

〇三―五三九五―五八一七　販売

〇三―五三九五―三六一五　業務

装幀者　中島英樹／中島デザイン

印刷所　株式会社ＫＰＳプロダクツ　図版制作　株式会社アトリエ・プラン

製本所　株式会社国宝社

定価はカバーに表示してあります　Printed in Japan

N.D.C. 360　198p　18cm

ISBN978-4-06-535363-9

「講談社現代新書」の刊行にあたって

教養は万人が身をもって養い創造すべきものであって、一部の専門家の占有物として、ただ一方的に人々の手もとに配布され伝達されうるものではありません。

しかし、不幸にしてわが国の現状では、教養の重要な養いとなるべき書物は、ほとんど講壇からの天下りや単なる解説に終始し、知識技術を真剣に希求する青少年・学生・一般民衆の根本的な疑問や興味は、けっして十分に答えられ、解きほぐされ、手引きされることがありません。万人の内奥から発した真正の教養への芽ばえが、こうして放置され、むなしく滅びさる運命にゆだねられているのです。

このことは、中・高校だけで教育をおわる人々の成長をはばんでいるだけでなく、大学に進んだり、インテリと目されたりする人々の精神力の健康さえもむしばみ、わが国の文化の実質をまことに脆弱なものにしています。単なる博識以上の根強い思索力・判断力、および確かな技術にささえられた教養を必要とする日本の将来にとって、これは真剣に憂慮されなければならない事態であるといわなければなりません。

わたしたちの「講談社現代新書」は、この事態の克服を意図して計画されたものです。これによってわたしたちは、講壇からの天下りでもなく、単なる解説書でもない、もっぱら万人の魂に生ずる初発的かつ根本的な問題をとらえ、掘り起こし、手引きし、しかも最新の知識への展望を万人に確立させる書物を、新しく世の中に送り出したいと念願しています。

わたしたちは、創業以来民衆を対象とする啓蒙の仕事に専心してきた講談社にとって、これこそもっともふさわしい課題であり、伝統ある出版社としての義務でもあると考えているのです。

一九六四年四月　野間省一

政治・社会

1145 冤罪はこうして作られる　小田中聰樹
1201 情報操作のトリック　川上和久
1488 日本の公安警察――青木理
1540 戦争を記憶する――藤原帰一
1742 教育と国家――高橋哲哉
1965 創価学会の研究――玉野和志
1977 天皇陛下の全仕事――山本雅人
1978 思考停止社会――郷原信郎
1985 日米同盟の正体――孫崎享
2068 財政危機と社会保障――鈴木亘
2073 リスクに背を向ける日本人　山岸俊男 メアリー・C・ブリントン
2079 認知症と長寿社会――信濃毎日新聞取材班
2115 国力とは何か――中野剛志
2117 未曾有と想定外――畑村洋太郎
2123 中国社会の見えない掟　加藤隆則
2130 ケインズとハイエク　松原隆一郎
2135 弱者の居場所がない社会　阿部彩
2138 超高齢社会の基礎知識　鈴木隆雄
2152 鉄道と国家――小牟田哲彦
2183 死刑と正義――森炎
2186 民法はおもしろい――池田真朗
2197 「反日」中国の真実――加藤隆則
2203 ビッグデータの覇者たち――海部美知
2246 愛と暴力の戦後とその後――赤坂真理
2247 国際メディア情報戦――高木徹
2294 安倍官邸の正体――田﨑史郎
2295 福島第一原発事故 7つの謎　NHKスペシャル『メルトダウン』取材班
2297 ニッポンの裁判――瀬木比呂志
2352 警察捜査の正体――原田宏二
2358 貧困世代――藤田孝典
2363 下り坂をそろそろと下る　平田オリザ
2387 憲法という希望――木村草太
2397 老いる家　崩れる街　野澤千絵
2413 アメリカ帝国の終焉　進藤榮一
2431 未来の年表――河合雅司
2436 縮小ニッポンの衝撃　NHKスペシャル取材班
2439 知ってはいけない――矢部宏治
2455 保守の真髄――西部邁

経済・ビジネス

知的生活のヒント

78 大学でいかに学ぶか 増田四郎
86 愛に生きる――鈴木鎮一
240 生きることと考えること 森有正
297 本はどう読むか――清水幾太郎
327 考える技術・書く技術―板坂元
436 知的生活の方法――渡部昇一
553 創造の方法学――高根正昭
587 文章構成法――樺島忠夫
648 働くということ――黒井千次
722 「知」のソフトウェア――立花隆
1027 「からだ」と「ことば」のレッスン――竹内敏晴
1468 国語のできる子どもを育てる――工藤順一

1485 知の編集術――松岡正剛
1517 悪の対話術――福田和也
1563 悪の恋愛術――福田和也
1620 相手に「伝わる」話し方 池上彰
1627 インタビュー術！――永江朗
1679 子どもに教えたくなる算数 栗田哲也
1865 老いるということ――黒井千次
1940 調べる技術・書く技術―野村進
1979 回復力――畑村洋太郎
1981 日本語論理トレーニング―中井浩一
2003 わかりやすく〈伝える〉技術―池上彰
2021 新版 大学生のためのレポート・論文術――小笠原喜康
2027 地アタマを鍛える知的勉強法――齋藤孝

2046 大学生のための知的勉強術――松野弘
2054 〈わかりやすさ〉の勉強法――池上彰
2083 人を動かす文章術――齋藤孝
2103 アイデアを形にして伝える技術――原尻淳一
2124 デザインの教科書――柏木博
2165 エンディングノートのすすめ――本田桂子
2188 学び続ける力――池上彰
2201 野心のすすめ――林真理子
2298 試験に受かる「技術」――吉田たかよし
2332 「超」集中法――野口悠紀雄
2406 幸福の哲学――岸見一郎
2421 牙を研げ 会社を生き抜くための教養 佐藤優
2447 正しい本の読み方 橋爪大三郎

M

趣味・芸術・スポーツ

日本語・日本文化

文学

自然科学・医学

1141 安楽死と尊厳死――保阪正康
1328 「複雑系」とは何か――吉永良正
1343 カンブリア紀の怪物たち　サイモン・コンウェイ・モリス　松井孝典 監訳
1500 科学の現在を問う　村上陽一郎
1511 優生学と人間社会――米本昌平 松原洋子 橳島次郎 市野川容孝
1689 時間の分子生物学――粂和彦
1700 核兵器のしくみ――山田克哉
1706 新しいリハビリテーション　大川弥生
1786 数学的思考法――芳沢光雄
1805 人類進化の700万年　三井誠
1813 はじめての〈超ひも理論〉　川合光
1840 算数・数学が得意になる本　芳沢光雄

1861 〈勝負脳〉の鍛え方――林成之
1881 「生きている」を見つめる医療――中村桂子 山岸敦
1891 生物と無生物のあいだ　福岡伸一
1925 数学でつまずくのはなぜか　小島寛之
1929 脳のなかの身体――宮本省三
2000 世界は分けてもわからない　福岡伸一
2023 ロボットとは何か――石黒浩
2039 ソーシャルブレインズ入門　藤井直敬
2097 〈麻薬〉のすべて――船山信次
2122 量子力学の哲学――森田邦久
2166 化石の分子生物学――更科功
2191 DNA医学の最先端　大野典也
2204 森の力――宮脇昭

2219 宇宙はなぜこのような宇宙なのか――青木薫
2226 宇宙生物学で読み解く「人体」の不思議――吉田たかよし
2244 呼鈴の科学――吉田武
2262 生命誕生――中沢弘基
2265 SFを実現する――田中浩也
2268 生命のからくり――中屋敷均
2269 認知症を知る――飯島裕一
2292 認知症の「真実」――東田勉
2359 ウイルスは生きている　中屋敷均
2370 明日、機械がヒトになる　海猫沢めろん
2384 ゲノム編集とは何か　小林雅一
2395 不要なクスリ 無用な手術　富家孝
2434 生命に部分はない――A・キンブレル　福岡伸一 訳

心理・精神医学

331 異常の構造——木村敏
590 家族関係を考える——河合隼雄
725 リーダーシップの心理学——国分康孝
824 森田療法——岩井寛
1011 自己変革の心理学——伊藤順康
1020 アイデンティティの心理学 鑪幹八郎
1044 〈自己発見〉の心理学 国分康孝
1241 心のメッセージを聴く 池見陽
1289 軽症うつ病——笠原嘉
1348 自殺の心理学——高橋祥友
1372 〈むなしさ〉の心理学 諸富祥彦
1376 子どものトラウマ——西澤哲
1465 トランスパーソナル心理学入門——諸富祥彦
1787 人生に意味はあるか 諸富祥彦
1827 他人を見下す若者たち 速水敏彦
1922 発達障害の子どもたち——杉山登志郎
1962 親子という病——香山リカ
1984 いじめの構造——内藤朝雄
2008 関係する女 所有する男——斎藤環
2030 がんを生きる——佐々木常雄
2044 母親はなぜ生きづらいか——香山リカ
2062 人間関係のレッスン 向後善之
2076 子ども虐待——西澤哲
2085 言葉と脳と心——山鳥重
2105 はじめての認知療法——大野裕
2116 発達障害のいま——杉山登志郎
2119 動きが心をつくる——春木豊
2143 アサーション入門——平木典子
2180 パーソナリティ障害とは何か——牛島定信
2231 精神医療ダークサイド 佐藤光展
2344 ヒトの本性——川合伸幸
2347 信頼学の教室——中谷内一也
2349 「脳疲労」社会——徳永雄一郎
2385 はじめての森田療法 北西憲二
2415 新版 うつ病をなおす 野村総一郎
2444 怒りを鎮める うまく謝る 川合伸幸

L